Wolfgang Gies

Großes Werkbuch Kreuzwegandachten

Wolfgang Gies

Großes Werkbuch
Kreuzwegandachten

Mit CD-ROM

FREIBURG · BASEL · WIEN

MIX
Papier aus verantwor-
tungsvollen Quellen
FSC® C106847

© Verlag Herder GmbH, Freiburg im Breisgau 2014
Alle Rechte vorbehalten
www.herder.de

Umschlaggestaltung: Verlag Herder
Umschlagmotiv: © Wolfgang Gies

Satz- und CD-ROM-Gestaltung: SatzWeise, Föhren
Herstellung: fgb · freiburger graphische betriebe
www.fgb.de

Printed in Germany
ISBN 978-3-451-31177-2

Inhalt

Vorwort 11

Teil A: Kinder 13

  A I: Den Kreuzweg entdecken 14

    1. »Entdecken – erste Begegnung mit dem Kreuz« 14

      Das Kreuz entdecken 15
      Kreuze gestalten 15
      Das Kreuz als Christussymbol kennenlernen 17
      Kindern vom Kreuzweg Jesu erzählen 18

      Eröffnung 21
      1. Station: Jesus wird zum Tod verurteilt 22
      2. Station: Jesus nimmt das schwere Kreuz auf seine Schultern .. 23
      3. Station: Jesus fällt zum ersten Mal unter dem Kreuz 24
      4. Station: Jesus begegnet seiner Mutter 24
      5. Station: Simon von Zyrene hilft Jesus das Kreuz tragen .. 25
      6. Station: Veronika reicht Jesus das Schweißtuch 25
      7. Station: Jesus fällt zum zweiten Mal unter dem Kreuz 26
      8. Station: Jesus begegnet den weinenden Frauen 26
      9. Station: Jesus fällt zum dritten Mal unter dem Kreuz 27
      10. Station: Jesus wird seiner Kleider beraubt 27
      11. Station: Jesus wird ans Kreuz geschlagen 28
      12. Station: Jesus stirbt am Kreuz 28
      13. Station: Jesus wird vom Kreuz abgenommen 29
      14. Station: Der Leichnam Jesu wird ins Grab gelegt 30

    2. Ideenkiste 31
      Den Kreuzweg in den Lebenskontext Jesu stellen 31
      Den Kreuzweg in der Kirche besuchen 31
      Das Leben Jesu nachgestalten 32
      Der Flügelaltar als Vorbild 33
      Eine Andacht zur Kreuzverehrung halten 35
      Gemeinschaft mit Jesus erfahren 36
      Eine Osterkerze gestalten 38

A II: Den Kreuzweg gehen ... 39

1. »Innehalten – Jesus auf dem Weg zum Kreuz begleiten« ... 39

Eröffnung ... 40
1. Station: Jesus wird zum Tod verurteilt ... 41
2. Station: Jesus nimmt das schwere Kreuz auf seine Schultern ... 44
3. Station: Jesus fällt zum ersten Mal unter dem Kreuz ... 45
4. Station: Jesus begegnet seiner Mutter ... 47
5. Station: Simon von Zyrene hilft Jesus das Kreuz tragen ... 48
6. Station: Veronika reicht Jesus das Schweißtuch ... 50
7. Station: Jesus fällt zum zweiten Mal unter dem Kreuz ... 53
8. Station: Jesus begegnet den weinenden Frauen ... 55
9. Station: Jesus fällt zum dritten Mal unter dem Kreuz ... 56
10. Station: Jesus wird seiner Kleider beraubt ... 58
11. Station: Jesus wird ans Kreuz geschlagen ... 60
12. Station: Jesus stirbt am Kreuz ... 62
13. Station: Jesus wird vom Kreuz abgenommen ... 65
14. Station: Der Leichnam Jesu wird ins Grab gelegt ... 66

2. Ideenkiste ... 69

Schaukästen ... 69
Nacherzählen in Bildern ... 69
Leporello ... 70
Ostergarten ... 71
Egli-Figuren ... 71
Klangspiel ... 72

Teil B: Jugendliche ... 73

B I: An Kreuzungen stehen ... 74

1. »Fragen stellen – die Passion Jesu mit meinem Leben verbinden« ... 74

Eröffnung ... 76
1. Station: Jesus wird zum Tod verurteilt ... 78
2. Station: Jesus nimmt das schwere Kreuz auf seine Schultern ... 81
3. Station: Jesus fällt zum ersten Mal unter dem Kreuz ... 84
4. Station: Jesus begegnet seiner Mutter ... 87
5. Station: Simon von Zyrene hilft Jesus das Kreuz tragen ... 90
6. Station: Veronika reicht Jesus das Schweißtuch ... 92
7. Station: Jesus fällt zum zweiten Mal unter dem Kreuz ... 95
8. Station: Jesus begegnet den weinenden Frauen ... 98
9. Station: Jesus fällt zum dritten Mal unter dem Kreuz ... 101
10. Station: Jesus wird seiner Kleider beraubt ... 104

11. Station: Jesus wird ans Kreuz geschlagen	106
12. Station: Jesus stirbt am Kreuz	110
13. Station: Jesus wird vom Kreuz abgenommen	112
14. Station: Der Leichnam Jesu wird ins Grab gelegt	115

2. Ideenkiste ... 118
    Zeitungsbilder ... 118
    Schattenrissfiguren ... 118
    Hungertuch ... 118
    Poster ... 119
    Video-Clip ... 119
    Psalmvers-Performance ... 120

B II: Eigene Vorstellungen entwickeln ... 121

1. »Ein Bild gestalten – die Passion Jesu neu begreifen« ... 121

    Eröffnung ... 122
    1. Station: Wie aus heiterem Himmel? ... 123
    2. Station: Den Tod vor Augen ... 124
    3. Station: Der Himmel stürzt ein ... 125
    4. Station: Welch ein Augenblick ... 127
    5. Station: Von allen verlassen ... 128
    6. Station: Sein wahres Gesicht ... 129
    7. Station: In die Knie gezwungen ... 131
    8. Station: Tränen helfen nicht ... 133
    9. Station: Am Ende der Kräfte ... 134
    10. Station: Bloßgestellt vor aller Augen ... 135
    11. Station: Aufs Kreuz gelegt ... 136
    12. Station: Es ist vollbracht ... 137
    13. Station: Aus der Traum ... 139
    14. Station: Sich begraben lassen ... 140
    15. Station: Stärker als der Tod ... 142

2. Ideenkiste ... 143
    Bodenbild ... 143
    Bilderwahl ... 144
    Bilderdomino ... 144
    Verortung in der Pfarrkirche ... 145
    Ergänzungen zu einem Bild ... 146

Teil C: Familien 147

C I: Andacht halten und aktiv werden 148
1. »Kreuzweg zwischen Passion und Leidenschaft« 148

Eröffnung 149
1. Station: Jesus wird zum Tod verurteilt 149
2. Station: Jesus nimmt das schwere Kreuz auf seine Schultern . 150
3. Station: Jesus fällt zum ersten Mal unter dem Kreuz 151
4. Station: Jesus begegnet seiner Mutter 151
5. Station: Simon von Zyrene hilft Jesus das Kreuz tragen 152
6. Station: Veronika reicht Jesus das Schweißtuch 153
7. Station: Jesus fällt zum zweiten Mal unter dem Kreuz 153
8. Station: Jesus begegnet den weinenden Frauen 154
9. Station: Jesus fällt zum dritten Mal unter dem Kreuz 155
10. Station: Jesus wird seiner Kleider beraubt 155
11. Station: Jesus wird ans Kreuz geschlagen 156
12. Station: Jesus stirbt am Kreuz 157
13. Station: Jesus wird vom Kreuz abgenommen 157
14. Station: Der Leichnam Jesu wird ins Grab gelegt 158

2. Ideenkiste 159
Zoomen 159
Halbrelief in Ton oder Knete 159
Holztafeln und Miniaturtäfelchen 160

C II: Baumkreuze betrachten 161
1. »Natur-Kreuzweg im Landart-Stil« 161

Eröffnung 163
1. Station: Todgeweiht 164
2. Station: Geschultert 165
3. Station: Gefallen 166
4. Station: Beherzt 168
5. Station: Gestützt 169
6. Station: Abgebildet 170
7. Station: Entkräftet 172
8. Station: Getröstet 173
9. Station: Zerbrochen 174
10. Station: Bloßgestellt 175
11. Station: Festgenagelt 177
12. Station: Gestorben 178
13. Station: Leblos 179

14. Station: Begraben	180
15. Station: Auferstanden	181
2. Ideenkiste	183
Bildauswahl	183
Erzählkreis	183
Powerpoint-Präsentation	183
Den Kreuzweg im Freien gehen	184
Einen Kreuzweg durch die Natur führen	184
Meilensteine	185
Objekte am Wegesrand	186

Teil D: Gemeinde ... 189

D I: Einzeln und in kleinen Gruppen gehen ... 190

1. »Kreuzweg für Einzelgänger & Co.« ... 190

Eröffnung	191
1. Station: Jesus wird zum Tod verurteilt	191
2. Station: Jesus nimmt das schwere Kreuz auf seine Schultern	191
3. Station: Jesus fällt zum ersten Mal unter dem Kreuz	192
4. Station: Jesus begegnet seiner Mutter	193
5. Station: Simon von Zyrene hilft Jesus das Kreuz tragen	193
6. Station: Veronika reicht Jesus das Schweißtuch	194
7. Station: Jesus fällt zum zweiten Mal unter dem Kreuz	194
8. Station: Jesus begegnet den weinenden Frauen	195
9. Station: Jesus fällt zum dritten Mal unter dem Kreuz	196
10. Station: Jesus wird seiner Kleider beraubt	196
11. Station: Jesus wird ans Kreuz geschlagen	197
12. Station: Jesus stirbt am Kreuz	198
13. Station: Jesus wird vom Kreuz abgenommen	198
14. Station: Der Leichnam Jesu wird ins Grab gelegt	199

D II: Ansichten und Einsichten haben ... 201

1. »Blickwinkel – kreuz und quer« ... 201

Eröffnung	202
1. Station: Jesus wird zum Tod verurteilt	202
2. Station: Jesus nimmt das schwere Kreuz auf seine Schultern	203
3. Station: Jesus fällt zum ersten Mal unter dem Kreuz	204
4. Station: Jesus begegnet seiner Mutter	205
5. Station: Simon von Zyrene hilft Jesus das Kreuz tragen	206
6. Station: Veronika reicht Jesus das Schweißtuch	208

7. Station: Jesus fällt zum zweiten Mal unter dem Kreuz	209
8. Station: Jesus begegnet den weinenden Frauen	210
9. Station: Jesus fällt zum dritten Mal unter dem Kreuz	211
10. Station: Jesus wird seiner Kleider beraubt	212
11. Station: Jesus wird ans Kreuz geschlagen	213
12. Station: Jesus stirbt am Kreuz	214
13. Station: Jesus wird vom Kreuz abgenommen	215
14. Station: Der Leichnam Jesu wird ins Grab gelegt	216
2. Ideenkiste	219
Plakatkarton-Riss	219
Scherenschnitte	219
Quellen	221

Vorwort

Passion, das kann beides bedeuten: grenzenlose Leidenschaft und große Begeisterung, aber auch unendliches Leid und hingebungsvolle Aufopferung. Zwischen diesen beiden Polen, zwischen Leid und Leidenschaft, bewegen sich die Gedanken, Bilder und Andachten dieses Werkbuches. Vielseitige Ideen und konkrete Gestaltungsvorschläge für Jung und Alt hält es bereit, um die Tradition der Kreuzwegandacht und der Passionsfrömmigkeit wachzuhalten. Konventionellere Andachtsformen stehen neben Neuansätzen und experimentellen Perspektiven auf die Botschaft vom Kreuz. Sie lassen in ihrer Bandbreite erkennen, wie sich Menschen heute neu und kreativ mit diesem zentralen Inhalt des christlichen Glaubens auseinandersetzen.

Andachtsformen können sich in einem großen Möglichkeitsspektrum entfalten. Das Buch will eigene Schritte zur Ausgestaltung von Kreuzwegen anregen und begleiten und bietet dazu viele praktische Hinweise.

Zum Aufbau des Buches

Die Andachtsformen in diesem Buch sind auf vier Zielgruppen ausgerichtet:

Zielgruppe A: Kinder in der Grundschule und Kommuniongruppe

A I: Den Kreuzweg entdecken
Von der ersten Begegnung mit dem Kreuz bis zur Passionserzählung

A II: Den Kreuzweg gehen
Kinder hören vom Leidensweg Jesus und Kreuzen im Leben

Zielgruppe B: Jugendliche in Religionsunterricht und Gemeindekatechese

B I: An Kreuzungen stehen
Wir lernen den Kreuzweg neu sehen und vergegenwärtigen die Passion Jesu

B II: Eigene Vorstellungen entwickeln
Wir gestalten einen Kreuzweg und kommen ins Gespräch

Zielgruppe C: Familien und gemischte Gruppen in der Gemeinde

C I: Andacht halten und aktiv werden
Die Passion Jesu gemeinsam nachvollziehen und dazu gestalten

C II: Baumkreuze betrachten
Den Kreuzweg in der Natur erleben

Zielgruppe D: Gemeinde und einzelne Kirchgänger

D I: Einzeln gehen und in kleinen Gruppen bedenken
Anregung zur individuellen Betrachtung und Meditation

D II: Ansichten haben und Einsichten gewinnen
Versuch einer belebenden Konfrontation zwischen eigenen und fremden Perspektiven

Jedes Kapitel folgt einer Grundidee, zu der jeweils weitere Ideenbausteine und Alternativen zur Auswahl angeboten werden. Je nach Teilnehmern und Veranstaltungsrahmen können diese Bausteine variabel eingesetzt und angepasst werden. Die Andachts- und Aktionsformen eignen sich für Kleingruppen mit einer Gruppengröße von 10–30 Teilnehmern. Dabei wird situativ zu entscheiden sein, ob und wann Einzel-, Partner- oder Gruppenarbeit sinnvoll ist.

Die angegebenen Liednummern beziehen sich auf das Gotteslob (GL) und Troubadour für Gott (TG). Liedvorschläge sind natürlich optional.

Viel Freude beim Gestalten Ihrer Kreuzwegandachten wünscht Ihnen

Wolfgang Gies

Teil A:
Kinder

A I: Den Kreuzweg entdecken

1. »Entdecken – erste Begegnung mit dem Kreuz«

Anliegen

Sicher bedarf die erste Begegnung von Kindern mit dem Kreuz und Leidensweg Jesu behutsamer Vorarbeit. Sie setzt eigentlich eine grundlegende religiöse Sozialisation im Elternhaus und im Kindergarten voraus, die aber immer seltener gegeben sind. Auch sollten Kinder nicht bei ihrem allerersten Kirchenbesuch den Kreuzweg kennenlernen. Die Aufmerksamkeit wird erst bei einem wiederholten, gezielten Besuch der Kirche auf die Kreuzwegbilder und die Passion Jesu gelenkt. Hier darf die Entdeckungsreise aber nicht enden, sondern sie sollte bei Kindern dieses Alters in den hoffnungsvollen Ausblick auf die Auferstehung Jesu münden.

Zielgruppe

Kinder in Kindergarten und Grundschule sowie Kommunionkinder.

Möglichkeiten

Kinder hören zunächst Geschichten über Jesus. Erst auf dem Hintergrund eines positiven Jesus- und Gottesbildes wird die Frage nach dem Inhalt des Osterfestes gestellt. Dazu werden die Kreuzwegbilder und die Leidensgeschichte gemeinsam entdeckt. Aber »der Weg zum Kreuzweg« beginnt bei den Kindern nicht gleich mit einer Kreuzwegandacht, sondern indem sie aufmerksam gemacht werden auf Kreuze in ihrer unmittelbaren Lebenswelt. Sie machen sich zunächst mit diesem Symbol vertraut als einem Zeichen der Zuversicht, der christlichen Gemeinschaft und des Gebetes.

Materialien

Die einzelnen Impulse und Modelle in diesem Kapitel greifen auf unterschiedliche Materialien zurück, die leicht zu beschaffen sind und individuell eingesetzt werden können: Sandschalen und Kordeln. Auch ein Tuch wird gebraucht, auf dem mit einem Seilstück für alle gut sichtbar Formen gelegt werden.
Um im Vorfeld biblische Geschichten zu vermitteln, wurden Bibelbilderbücher verwendet. Die Bücher sollten ebenfalls mitgebracht werden, um ggf. Bilder zu zeigen und Erinnerungen aufzufrischen.

Ablauf

Eventuell werden die Kreuzwegbilder zuerst bei einem Kirchenbesuch betrachtet. Der Kreuzweg wird mithilfe der vorgestellten Erzählhilfen vorgetragen.

Das Kreuz entdecken

Bevor Kinder den Kreuzweg entdecken, werden sie sich mit dem Kreuz als zentralem Symbol der Christen vertraut machen. Dazu gibt es viele Zugangswege. Kreuze begegnen Kindern täglich in ihrem Alltag: zu Hause oder bei Oma und Opa, im christlichen Kindergarten, unterwegs am Straßen- oder Wegesrand. Sie können es auf Kirchtürmen, Berggipfeln, Grabsteinen oder in Todesanzeigen in der Zeitung entdecken. Es kann ein Unfallkreuz auf der Straße oder ein Schmuckkreuz am Halskettchen sein.

Selbst auf Erste-Hilfe-Kästen und im Sportstadion stoßen wir auf das Kreuzzeichen. Die Kinder werden zu einer Detektiv-Aufgabe eingeladen: »Wo überall findest du Kreuzesdarstellungen? Merk es dir gut, damit du uns davon berichten kannst. Oder noch besser: Bring doch ein oder gar dein Lieblingskreuz mit in unsere Gruppe und stell es uns vor.« Das ist der erste, naheliegende Schritt zu einer Kreuzbetrachtung mit dem Ziel, die Wahrnehmung dafür zu sensibilisieren sowie aufmerksam und neugierig darauf zu machen, was es denn mit diesem Symbol auf sich hat.

Kreuze gestalten

Zur Verankerung in der eigenen Lebenserfahrung gestalten Kinder selbst eigene Schmuckkreuze und verbinden erste Erinnerungen an Jesus damit. Hier einige Anregungen dazu:
— Ein Kreuzmandala malen oder ein Kreuz aus Naturprodukten (Steine, Blütenblätter, Kastanien, Zapfen), Muggel- oder Mosaiksteinchen legen lassen.
— Ein schön gestaltetes Kreuz wird mit den Kindern betrachtet. Anschließend dient es als Schablone, um die Form auf Sperrholz aufzuzeichnen. Das Kreuz aus Sperrholz (zuvor aussägen, Ränder rund schleifen und vorbohren) lässt sich bemalen. Mit einem Lederbändchen lässt es sich später um- oder aufhängen.

- Statt aus Holz, lassen sich Kreuze auch aus Moosgummi oder Leder schneiden und mit einem Herz, Monogramm oder sonst einem Symbol verzieren.
- Man kann ein Kreuz aus zwei in der Mitte gebrochenen Brotstangen auf ein ausgebreitetes Tuch legen oder auf eine mit Jesusmotiven bemalte weiße Papiertischdecke. Die vier Enden des Kreuzes werden mit vier zentralen österlichen Motiven geschmückt: Abendmahl, Kreuzestod, Auferstehung und Geistsendung. Das Bodenbild kann schrittweise über mehrere Wochen entstehen, indem jeweils ein Motiv in einer Gruppenstunde erarbeitet wird. Die Stunde klingt dann (jeweils) mit einer Brotzeremonie aus, bei der Kinder die kreuzweise ausgelegten Baguettes teilen.
- Holzstäbe (aus alter Lamellentür) oder zugeschnittene Dachlatten (30–50 cm) werden angemalt und über Kreuz gelegt. Dabei können je zwei Kinder das mit ihren Lieblingsfarben gestaltete Querholz vor dem Zusammenlegen tauschen, sodass ein »Partnerkreuz« daraus wird. Verbinden lassen sich die Stäbe durch einen farbigen Bast- oder Wollfaden, der mehrfach kreuzweise um die Streben gewickelt und verknotet wird.
- Gerade Äste werden auf Maß geschnitten und über Kreuz gelegt. Dann wird ein Faden im Uhrzeigersinn spiralförmig jeweils ein- bis zweimal um eine Strebe gewickelt und zur Nachbarstrebe gespannt, damit ein Webmuster mit verschiedenfarbigen Wollfäden entsteht. Noch einfacher ist es, zwei Stäbe zusammenzubinden und fantasievoll in ein »Traumfresserchen« zu verwandeln. Das hängt über dem Bett und lädt zu angstfreiem Schlaf und schönen Träumen ein. Es hilft, den Tag ausklingen zu lassen und erinnert das Kind später an das Abendgebet.

 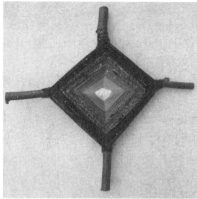

Gestaltungsbeispiele

– Im nächsten Schritt wird das Kreuzzeichen in Körpersprache vorgestellt und mit bekannten Gesten gedeutet: Ein Tippen an die Stirn mit den Fingerspitzen heißt: Kopf einschalten! Das Berühren des Herzens weist auf das mentale Zentrum, die Körpermitte und den Schwerpunkt des Menschen. Dabei wird die Vertikale vom Himmel zur Erde bezeichnet. Ein kleiner Klaps auf die linke und rechte Schulter erinnert an die eigenen Kräfte und Stärken und verweist auf die horizontale, menschliche Dimension: Ich erkenne meinen Platz wie mit einem Kompass zwischen oben und unten, rechts und links und will meine Gedanken, meine Gefühle und mein Handeln jetzt auf Gott und die Welt um mich herum richten. Dazu sprechen wir das Kreuzzeichen, das in katholischer Tradition jedes Gebet einrahmt – dabei verstehen die älteren Kinder das Kreuz in seiner Bedeutung als positives Pluszeichen.

Das Kreuz als Christussymbol kennenlernen

Ist die Aufmerksamkeit für das Kreuzsymbol geweckt, bietet sich ein nächster Schritt an: Die ersten Christen begrüßten sich – vor allem in der Verfolgungszeit – mit einem geheimen Erkennungszeichen: Der eine ritzte einen Halbbogen in den Boden, der andere ergänzte diesen um einen gespiegelten, sodass eine Fischsilhouette entstand. Fisch heißt im Griechischen »Ichtys« – und stand für die Abkürzung des Glaubensbekenntnisses: Jesus Christus, Gottes Sohn, Erlöser.

Auch wenn dieser Brauch nicht unbedingt historisch belegt ist, kann daraus ein sehr schönes Begrüßungsritual werden. Zum Beginn eines Treffens wird dazu ein Sandteller (Vogelsand eignet sich recht gut) im Kreis herumgegeben. Abwechselnd schreibt der Erste im Kreis mit der Anrede: »Der Herr sei mit dir!« einen Bogen in den Sand. Der Nachbar antwortet jeweils: »Und mit deinem Geiste« und ergänzt den unteren Bogen zum Fisch als Christussymbol, bevor er den Teller an den Dritten im Kreis weiterreicht. Der zeichnet wieder den ersten Bogen mit seinem Finger mit der gleichen Anrede nach usw.

Später wird aus den beiden Halbbögen ein Kreuzzeichen mit einem senkrechten und einem waagerechten Strich im Sand, wobei das Ritual sonst gleich bleibt. Alternativ dazu kann das Fischzeichen nicht mit dem Finger in eine Sandschale gezeichnet, sondern mit zwei Kordeln gelegt werden.

Beide Rituale eignen sich auch, wenn später die Leidensgeschichte in der Zeit vor Ostern erzählt wird. Der Erzählkreis wird dann mit dem bekannten Ritual eröffnet, es wird auf Jesus verwiesen und an seine Geschichten erinnert.

Kindern vom Kreuzweg Jesu erzählen

Behutsam wird, nach einer entsprechenden Annäherung an die Kreuzsymbolik, die Leidensgeschichte Jesu erzählt. Um die meist sehr drastischen Bilddarstellungen eines Kreuzweges zu vermeiden, wird während des Erzählvortrags zunächst mit dem Finger eine schlichte Strichzeichnung zu jedem zentralen Motiv in den Sand gezeichnet. Die Zeichnung kann hier und da mit markanten Symbolen ergänzt werden – Murmel,

Nagel, Strick, Dornenzweig, Herzsymbol. Nach einer kurzen Stille wird der Sand wieder glatt gestrichen oder geschüttelt für das nächste Motiv. Alternativ legt man Figuren aus Kordeln, wie in den Bildern unten angeregt. Je nach Zeitfenster und Zielgruppe erzählen wir uns die Begebenheiten abwechselnd nach. Dabei kann das erzählende Kind oder das Nachbarkind jeweils ein Sand- bzw. Bodenbild gestalten.

In vielen Fällen wird die Geschichte zu lang sein für die Konzentrationsfähigkeit der Kinder oder die zur Verfügung stehende Zeit reicht nicht. Dann teilt man die Erzählung in Episoden für mehrere Wochen oder Wochentage (z. B. Karwoche) ein. Wer die Stationsbilder sukzessiv einbringen will, beginnt am besten mit einer Bildbetrachtung dieser Station und lässt sie dann mit der Bildgestaltung ausklingen.

Reizvoll, wenn auch etwas aufwendig, ist es natürlich, wenn jedes Kind einen Sandteller oder Kordeln zur Gestaltung vor sich hat.

Nach der Begrüßung und Einladung in den Erzählkreis um eine gestaltete Mitte (Requisiten: Sandschale oder Tuch mit Seilen) und einem Eröffnungsritual wird die Geschichte angekündigt und vorgetragen mit einer Erzählhilfe. Der folgende Text versteht sich als Vorschlag:

Heute erzähle ich euch eine ganz besondere Geschichte. Kein Märchen, auch wenn es wundersam klingt. Keine Bilderbuchgeschichte, obwohl es viele Bilder dazu gibt. Es ist die Geschichte von Ostern – dem Fest, das wir bald feiern. Und es ist die wichtigste Geschichte von Jesus. Jesus kennst du? Das kleine Kind in der Krippe – Weihnachten haben wir seinen Geburtstag gefeiert. Schon seit über 2000 Jahren erzählen seine Freunde von ihm. So lange ist das her. Später schrieben einige Freunde damals auf, was sie mit Jesus erlebt hatten. So wichtig war es ihnen. So aufregend fanden sie es, so begeistert waren sie. Du kennst schon Geschichten von Jesus?

Antworten abwarten, dabei zünden wir eine Jesuskerze an.

Diese Geschichte heute ist sehr traurig. Wir hören davon, wie Jesus ums Leben kam. Du weißt, dass er am Kreuz starb. Wo überall erinnern Kreuze auch heute noch daran?

Antworten abwarten, dabei legen wir ein Kreuz in die Mitte.

Teil A: Kinder

Und so erinnern sich Christen heute an den Kreuzweg Jesu: Eben erst war Jesus mit Jubel in Jerusalem begrüßt worden. Wir würden ihn heute mit Luftschlangen, Luftballons und bunten Fähnchen empfangen, einen roten Teppich auslegen, Blümchen streuen und Hurra rufen.

Damals winkte man mit Palmzweigen, wenn ein König zu Besuch kam, legte Umhänge auf den Weg und rief Hosianna! So freuten sich viele, dass Jesus zu ihnen kam. Sie begrüßten ihn wie einen König der Herzen.

Jesus aber kam nicht in einer schwarzen Limousine oder einem Taxi, auch nicht hoch zu Ross geritten, sondern auf einem kleinen Esel ritt er in die Stadt. Das freute vor allem die kleinen Leute. Sie konnten die Reichen, die Schlauberger und Mächtigen gar nicht leiden. Aber genau diesen Machthabern passte es auch nicht, dass da ein junger Mann auf einem Esel einzog und alle ihm nachliefen – statt ihnen zu folgen. »Dieser Jesus von Nazaret tut so, als sei er Gott oder dessen Sohn! Das darf doch nicht wahr sein«, flüsterten sie sich zu. »Der wird uns zu gefährlich. Der muss weg!« Und damit fing alles an. So begann der letzte Weg Jesu, der Kreuzweg.

Dazu wird ein Kreuz in den Sandteller gezeichnet oder mit Kordeln gelegt.

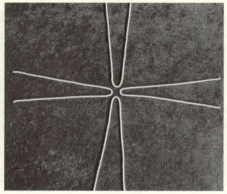

Wurden diese Requisiten noch nicht vorgestellt, wäre hier Gelegenheit, den Umgang mit Sandschale oder Kordeln zu erläutern. Ist das Verfahren geläufig, könnten Kinder jetzt eingeteilt werden, die jeweils zu einer Station ein Sandbild gestalten oder ein Kordelbild legen möchten.

Der Kreuzweg erzählt uns, wie Jesus gefangen genommen, verurteilt wurde und den Tod am Kreuz sterben musste.

Eröffnung

Zu den einzelnen Stationen singen wir das Lied:

Das Lied wird, sofern es nicht bekannt ist, zunächst gemeinsam geübt. Der Kehrvers kann jeweils als zweite Stimme parallel zur Strophe gesungen oder gesummt werden.

Ich bin da

© Text und Musik: Wolfgang Gies

2. Ich bin da im Lachen und im Weinen. Ich bin da in Angst und Gefahr. Ich bin da, damit du nie allein bist. Ich bin immer für dich da!
Kehrvers

3. Ich bin da, der Atem deiner Seele. Ich bin da in Trauer und Glück. Ich bin da, wenn keiner für dich da ist. Ich bin immer für dich da.
Kehrvers

4. Ich bin da, die Stimme deines Herzens. Ich bin da in Schuld und in Not. Ich bin da, du kannst mir alles sagen. Ich bin immer für dich da!
Kehrvers

5. Ich bin da, wenn du für andre da bist. Ich bin da, wenn du nicht weiter weißt. Ich bin da, wenn alle dich verstoßen. Ich bin immer für dich da! *Kehrvers*

6. Ich bin da, auch in dunklen Stunden. Ich bin da, die Hand die dich hält. Ich bin da, der Anfang und das Ende. Ich bin immer für dich da!
Kehrvers

1. Station: Jesus wird zum Tod verurteilt

Jesus hatte mit seinen engsten Freunden Abendmahl gefeiert. Er weiß wohl, dass einer seiner Freunde, Judas, ihn verraten wird. Das macht ihm große Angst. Er geht vor die Tore der Stadt in den Olivengarten, um zu beten. Sollte es keinen anderen Weg geben? Er könnte fliehen, einfach alles stehen und liegen lassen. Aber er spürt, dass das feige ist und man ihm nicht mehr glauben wird, wenn er jetzt aufgibt. Er vertraut ganz und gar auf Gottes Wort und steht dazu. Als er dann in der Nacht am Ölberg von Soldaten aufgespürt und gefangen genommen wird, weiß er, dass er nun einen ganz schweren Weg vor sich hat. Sie werden kurzen Prozess mit ihm machen.

Sie stellen ihn am anderen Tag vor Gericht. »Wer von sich behauptet, er sei Gottes Sohn, der lästert Gott. Und auf Gotteslästerung steht die Todesstrafe. Das steht eindeutig im Gesetz!«, so klagen sie ihn an. Und nach diesem Gesetz wird Jesus zum Tod verurteilt, zum elenden Tod am Kreuz. »Und wenn dein Vater Gott ist, dann wird er dir bestimmt helfen!«, lästern sie. Jesu Freunde bekommen Angst. Sie lassen ihn im Stich, alle.

Während des Erzählvortrags oder in einer kurzen Stille malen die Erzählperson oder jeweils einzelne Kinder mit dem Finger die Gerichtsszene in das Sandbett oder legen sie mit Seilen nach. Die Abbildungen können Anregung dazu geben.

Jesus nimmt das Urteil wortlos an. Auch wenn sie ihn verspotten und schlagen. Er steht zu seinem Wort, Gottes Wort. Er wehrt sich nicht. Auch, wenn er große Angst hat. Was soll nun werden?

2. Station: Jesus nimmt das schwere Kreuz auf seine Schultern

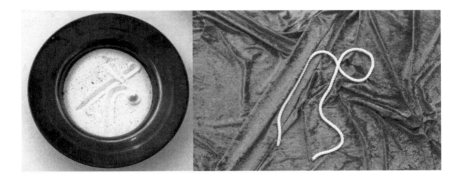

Nachdem sie ihren Spott mit ihm getrieben haben, muss Jesus nach all dem nun auch noch das schwere Kreuzesholz auf die Schulter nehmen und es selbst auf den Berg schleppen. Soldaten treiben ihn an. »Via Dolorosa« heißt dieser Weg in Jerusalem heute noch: Das heißt »Weg der Schmerzen«.

3. Station: Jesus fällt zum ersten Mal unter dem Kreuz

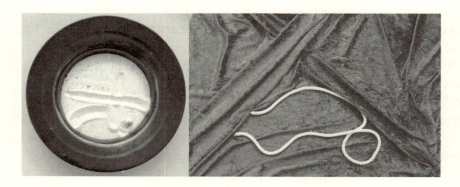

Das Kreuz ist zu schwer für Jesus. Schon nach wenigen Schritten stürzt er und fällt zu Boden. Die Kreuzeslast erdrückt ihn fast. Ist denn niemand da, der ihm helfen kann? Gilt Gottes Wort nicht mehr: Ich bin für dich da?

Lied: Ich bin da! (s. o. *nur Kehrvers*)

4. Station: Jesus begegnet seiner Mutter

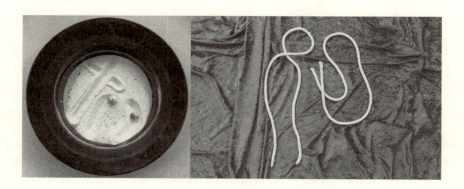

Doch als Jesus den Kopf hebt, schauen ihn plötzlich zwei liebe Augen an. Ganz verweint sind sie. Es sind sie Augen seiner Mutter, die es kaum mit ansehen kann, wie sich ihr Sohn quälen muss. Doch dieser eine Blick gibt Jesus neue Kraft. Er steht wieder auf und schleppt das Kreuz Schritt für Schritt weiter auf den Berg. Seine Mutter wird ihn bis zum Kreuz begleiten. Aber sie kann ihm nicht mehr helfen.

5. Station: Simon von Zyrene hilft Jesus das Kreuz tragen

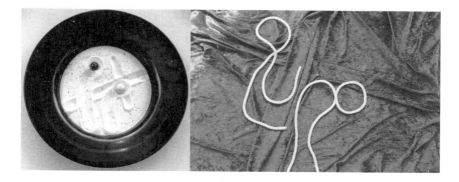

Den Soldaten geht es nicht schnell genug. Sie sehen, dass Jesus immer schwächer wird. Da zwingen sie einen kräftigen Mann, Simon von Zyrene, Jesus beim Tragen des Kreuzes zu helfen. Das schafft wenigstens ein wenig Erleichterung. Danke Simon!

Lied: Ich bin da! *(1. Strophe)*

6. Station: Veronika reicht Jesus das Schweißtuch

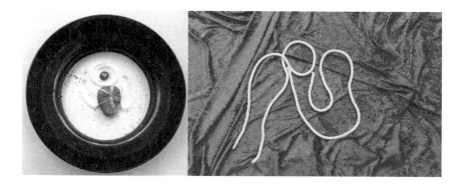

Und da steht noch jemand, der ein Herz für Jesus hat. Veronika wird sie genannt. Sie hält Jesus ein Tuch hin. Damit wischt er sich das Blut und den Schweiß aus dem Gesicht. Das tut sehr gut. Wie dankbar ist sie, dass sie nun eine Erinnerung an Jesus behält: Jesu Angesicht bleibt für sie in diesem Tuch festgehalten. So wird sie Jesus nie vergessen.

7. Station: Jesus fällt zum zweiten Mal unter dem Kreuz

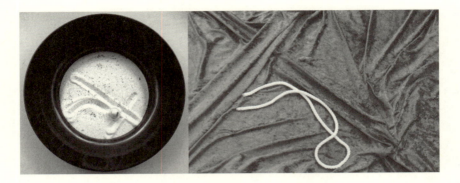

Wenige Schritte später stolpert Jesus ein zweites Mal über seine schweren Beine und bricht unter der Last zusammen. Wie soll er wieder aufstehen? Wie soll es weitergehen? Er kann doch hier nicht liegen bleiben! Es ist noch ein langer Weg bis zur Hinrichtungsstelle. Er denkt in seiner Not an Gott: Lass mich doch nicht im Stich!

Lied: Ich bin da! *(2. Strophe)*

8. Station: Jesus begegnet den weinenden Frauen

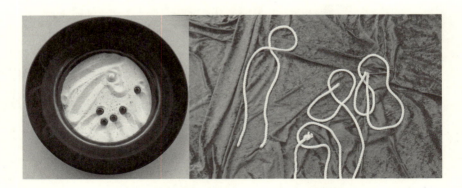

Frauen stehen am Wegrand. Sie weinen bitterlich, als sie Jesus so leiden sehen. Ihre Tränen bringen Jesus noch einmal auf die Beine. Er spricht sie an: »Weint nicht um mich, weint lieber über euch und eure Kinder. Wie soll denn alles gut werden, wenn ihr so wenig lernt aus dem, was ich euch gesagt habe? Vertraut Gott, nur dann kann euer Leben und das eurer Kinder gut werden.

9. Station: Jesus fällt zum dritten Mal unter dem Kreuz

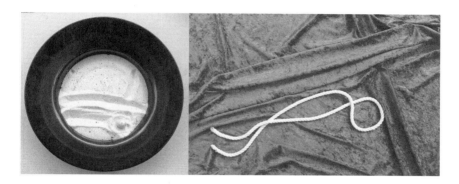

Dann bricht er ein drittes Mal zusammen. Alles schmerzt und das Schlimmste steht ihm noch bevor. Ihm bleiben nur noch wenige Schritte bis zum Tod. Die Soldaten werden ihm sehr wehtun. Er hat Angst.

Lied: Ich bin da! *(3. Strophe)*

10. Station: Jesus wird seiner Kleider beraubt

Mit letzter Kraft schleppt er sich weiter. Dann sind sie da. Zum Lohn dürfen sich die Henkersoldaten die Kleider der Verurteilten teilen und behalten. Sie reißen Jesus das Gewand vom Leibe. Selbst die letzte Würde wird ihm genommen. Bloßgestellt steht er da, den Blicken der Schaulustigen ausgesetzt. »Seht da, welch ein Mensch – und so einer will Gottes Sohn sein?«, so spotten sie.

11. Station: Jesus wird ans Kreuz geschlagen

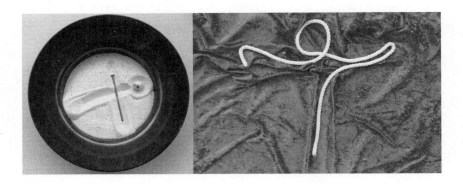

Dann legen sie ihn mit dem Rücken auf das Kreuz. Sie nageln ihn einfach darauf fest mit Nägeln durch die Handgelenke. Wie kann man einen Menschen nur so quälen? Jesus betet zu Gott, seinem Vater.

Lied: Ich bin da! *(4. Strophe)*

12. Station: Jesus stirbt am Kreuz

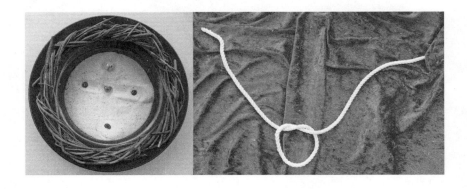

Dann richten sie das Kreuz mit Jesus auf, sodass er langsam ersticken muss. Neben ihm werden zwei Verbrecher gekreuzigt. Seine Mutter steht unter dem Kreuz. Sie bleibt bei ihm bis zum letzten Atemzug. Jesus betet zu Gott, dann stirbt er.

Jetzt denken wir an Jesus und bleiben eine Weile still.

13. Station: Jesus wird vom Kreuz abgenommen

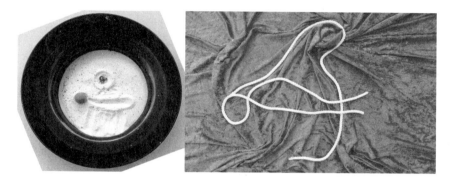

Josef aus Arimathäa sorgt mit Maria aus Magdala dafür, dass sie den toten Jesus noch vor dem Feiertag vom Kreuz nehmen dürfen. Sie legen ihn in den Schoß seiner Mutter. Sie nimmt ihn ein letztes Mal in den Arm.

Lied: Ich bin da! *(5. Strophe)*

14. Station: Der Leichnam Jesu wird ins Grab gelegt

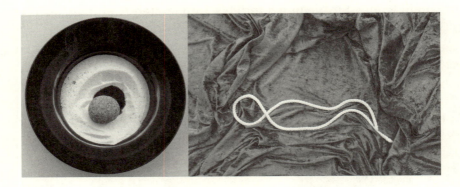

Dann wickeln sie ihn in ein weißes Leinentuch und legen ihn in eine Grabeshöhle. So ist es üblich in Israel. Sie rollen einen großen Stein vor den Ausgang und verschließen ihn damit.

Am dritten Tag gehen sie früh am Morgen noch einmal zum Grab, um den Leichnam nach altem Brauch mit Ölen zu salben.

Doch als die Frauen in aller Frühe zum Grab kommen, ist der große Stein vor dem Eingang schon weggerollt. Sie sind ganz aufgeregt: Als sie in die Grabeskammer schauen, ist das Grab leer. Sie hören nur wie ein Engel sagt: »Was sucht ihr den Auferstandenen bei den Toten! Gott hat ihn auferweckt!« Kaum zu glauben, was dort geschieht – doch es erfüllt sie mit so großer Freude, dass sie allen Freunden diese Osterbotschaft erzählen! Jesus lebt – Gottes Liebe ist stärker als alles Leid der Welt!

Die Erzählung endet hier mit dem Ausblick auf Ostern und dem Lied »Ich bin da«.

Als Hoffnungszeichen stellen wir einen Osterstrauß in einer Vase in der Mitte zusammen, dessen Knospen dann bis zum Osterfest beobachtet werden, wie sie zur Blüte kommen. Ausgeblasene Eier werden zu bunten Ostereiern gestaltet und in die Zweige gehängt. Schön ist auch die Idee, Holzkreuze nun zu Triumphkreuzen umzugestalten.

2. Ideenkiste

Den Kreuzweg in den Lebenskontext Jesu stellen

Den Kreuzweg betrachten bedeutet, das Leben Jesu von Ostern her zu erschließen. Dabei sollte das, was Jesus in seinem Leben zuvor getan hat, nicht unerwähnt bleiben. In Kirchen finden wir neben den Kreuzwegbildern auch andere Bilder, die an Situationen in Jesu Leben erinnern. Wenn wir mit Kindern eine Kirche besuchen, um den Kreuzweg anzuschauen, werden Kinder auch andere Dinge entdecken und danach fragen. Dieses Interesse können wir nutzen als Rückblick und Ausblick auf alles, »was zum Leben Jesu gehört«. Der Besuch des Kreuzweges sollte eingebettet sein in den größeren Zusammenhang der Glaubensüberlieferung. Maßvoll natürlich. Vielleicht kann bei einem zweiten Besuch der Kirche dieser Kontext auch extra entdeckt werden: Manchmal gibt ein Bild über dem Haupteingang einer Kirche (Tympanon) oder auf deren Türen schon den Erzählbogen vor – so ist es am Seitenportal der Kirche in Affeln: Die grob in das Halbrelief gemeißelte Kreuzigungsszene in der Mitte wird eingerahmt von zwei Szenen – der Geburt Jesu links und der Auferstehung am Ostermorgen rechts. Sie stehen dort wie Eckpfeiler unseres Glaubens, ja wie Klammern, die unseren Glauben zusammenhalten. Unter diesem Spannungsbogen entfaltet sich erst das Ganze der Glaubensüberlieferung.

In jeder Kirche finden sich diese Grundmotive wieder: Jesus am Kreuz über dem Hochaltar als noch leidender Menschensohn oder als auferstandener Gottessohn, Maria als Gottesmutter mit dem Jesuskind (Madonna) oder dem Leichnam Jesu (Pieta). Dazu kommen der Taufstein, die Osterkerze, der Tabernakel mit dem Ewigen Licht. Statuen, Fresken, Glasfenster, Namen oder Gedenktafeln erinnern an weitere Gestalten der Heils- und Kirchengeschichte. An der Wand fügt sich dann die Passion als Bildergeschichte ein – mit dem Kern der Evangelien, der Geschichte von Jesu Tod und Auferstehung.

Den Kreuzweg in der Kirche besuchen

Kreuzwegbilder hängen an den Seitenwänden jeder katholischen Kirche. Die Zeit vor Ostern bietet sich für einen Kirchenbesuch an, um dort die

Leidensgeschichte als Bildergeschichte zu entdecken und zu erfahren, warum Christen seit 2000 Jahren Ostern feiern.

Bei einer solchen Entdeckungsreise ergeben sich viele Möglichkeiten. Es kann Station für Station erzählt werden, was dort dargestellt ist.

Wenn die Kinder die Leidensgeschichte schon kennen, schauen sie sich die Bilder zunächst alleine an und denken sich in die dort dargestellten Situationen hinein. Jedes Kind sucht sich dann ein Bild aus, von dem es sich besonders angesprochen fühlt, und legt ein Namenskärtchen davor ab. Dann geht die Gruppe gemeinsam die Stationen ab. Dabei stellen die Kinder jeweils ihr ausgewähltes Bild den anderen in Partnergesprächen, Murmelgruppen oder im Halbkreis vor. Die nicht ausgewählten Bilder beschreiben wir uns gegenseitig – je nach zur Verfügung stehender Zeit.

Oder wir nehmen einen großen Blumenstrauß mit zur Kirche. Wir gehen von Bild zu Bild. Ein Kind darf eine Station erzählen, jedes Kind stellt dann eine Blume in eine kleine Vase vor der Station oder legt vielleicht sein zuvor in der Gruppe selbst gemaltes Bild dazu. Eventuell können die Bilder der Kinder mithilfe eines Bandes unmittelbar unter den Stationen als zweite Bilderreihe aufgehängt werden oder zu einem Heft zusammengebunden auf einen Notenständer platziert werden (in Absprache mit der Pfarrleitung).

Viele Kreuzwege haben kein Ostermotiv. Bei Kindern sollte es einen Ausblick auf die Auferstehung geben. Dazu kann der Kreuzweg vor dem Altar enden oder vor dem Tabernakel, vor der Osterkerze oder dem Taufbrunnen, vor einem Kirchenfenster mit Auferstehungsmotiv oder dem Triumphkreuz.

Abschließen sollte die Entdeckungsreise mit einem Lied oder Segensgebet. Es kann das folgende Lied gesungen werden:

Lied: Der Himmel geht über allen auf (Kanon TG 785)

Das Leben Jesu nachgestalten

Wir gehen nicht nur den Leidensweg Jesu nach, sondern ergänzen die Kreuzwegdarstellungen mit Bildern von frohen Begegnungen und Botschaften aus den Evangelien und aus der Apostelgeschichte (Pfingsten).

Wir erinnern uns an Geschichten, die wir von Jesus schon kennen, hören neue Geschichten und stellen sie in Bildern dar. Dann hängen wir sie an eine Wand wie die Kreuzwegstationen, die wir in der Kirche gesehen haben. Von Weihnachten bis Ostern reicht der Bogen. Es genügt, wenn Kinder ihre Lieblingsgeschichte in je einem Erinnerungsbild vergegenwärtigen und ausgestalten oder Bilder aus ihrer Religionsmappe dafür neu gestalten. Dazu könnte man ihnen die Kopie eines leeren Rahmens (siehe CD-ROM) dieser Kreuzwegstation anbieten, der es dann – ähnlich den Vorbildern – auszufüllen gilt.

Wir gestalten aus der Erinnerung, durch Nachschlagen in einer Bibel oder einem Bilderbuch ein Stationsbild oder ein kleines Diorama in einem Karton zu einer zentralen Geschichte aus dem Leben Jesu. Besonders stimmig ist es hier, wenn die Kinder dabei den Stil des Kreuzweges, den sie aus ihrer Kirche kennen, nachempfinden, sodass das bekannte Leben Jesu vor seinem Tod im ähnlichen Format dargestellt wird.

Der Flügelaltar als Vorbild

In der kirchlichen Kunstgeschichte wurden Flügelaltäre zu ganzen »Erzählschränken« zusammengestellt. Ein feststehender Schrein kann durch zwei (Triptychon), vier (Pentaptychon) oder mehrere (Polyptychon) bewegliche Flügel geöffnet oder geschlossen und das Bildprogramm an das jeweilige Fest im Kirchenjahr angepasst werden. Die zentralen biblischen

Geschichten werden mit Gemälden oder sogar filigranen Holzschnitzereien dreidimensional in Szene gesetzt.

Flandrischer Schnitzaltar (1520–1525) in St. Lambertus, Neuenrade-Affeln

Das nehmen wir uns zum Vorbild für eine eigene aufklappbare Bilderwand. Die auf S. 69 vorgestellten Dioramen könnten als Mittelteil eines »Flügelaltars« dienen. Aufgefaltete Pappkartons als Gestaltungsfläche wären die einfachste Nachbildungsmöglichkeit:

Die freien Flächen werden am besten thematisch mit den Kindern vorbesprochen und so strukturiert, dass sich die ausgestalteten Lebensstationen chronologisch oder hierarchisch geordnet erkennen lassen.

Eine Andacht zur Kreuzverehrung halten

Was hat Jesus mit mir zu tun? Das ist eine Schlüsselfrage, damit Kreuzwegbetrachtungen nicht Kunstbetrachtung bleiben, sondern echte, persönliche Begegnungen mit der Glaubensbotschaft werden.

Anknüpfend an das Fadenlegen zur Passionserzählung (s. o.) stellen wir zur Gestaltung eines Meditationskreises eine Jesus- bzw. Osterkerze in die Tuchmitte und erinnern uns an das, was wir von Jesus gehört und erfahren haben. Um die noch nicht brennende Kerze herum werden dann vier Kordeln zu einem Kreuz ausgelegt. Mit Rosen lassen sich die Enden der Kreuzesbalken schmücken. Die Rosen stehen für die vier Wundmale – wie auf der Osterkerze. Das Auslegen der Rosen kann auch mit dem Kreuzzeichengebet verbunden werden: »Wir glauben an Gott als Vater, an Jesu überzeugendes Leben als Sohn Gottes im Geist der Liebe und Hoffnung.«

Als Zeichen der Verbundenheit nimmt dann jeder reihum einen bunten Faden auf und legt ihn um die Jesuskerze in der Mitte. Dazu nimmt man in jede Hand ein Ende der Kordel, legt damit mittig eine Schleife um die Kerze, sodass die beiden Enden sternförmig nach außen ausgelegt werden können. Dabei ist es freigestellt, einen Beitrag zu leisten beginnend mit den Worten: »Ich fühle mich mit Jesus verbunden, wenn ...« oder neutraler: »Wer sich mit Jesus verbunden weiß, der ...«

Wenn der Sandteller in der Mitte steht, wird ein Zeichen, das an Jesus erinnert, in den Sand gemalt oder geschrieben. Es können auch Symbole für Klage, Dank, Bitte – ein Stein, eine Blüte – in die Mitte gelegt werden. Am Ende wird dann die Jesuskerze angezündet.

Gemeinschaft mit Jesus erfahren

Ein Kreuz wird auf einem Tuch in der Mitte ausgelegt. Mit dem Kreuzzeichen eröffnen wir eine Andacht zur Kreuzverehrung. Die Holzschnitte von Sr. Sigmunda May werden betrachtet:

»Bleibt in mir und ich bleibe in euch«, Holzschnitt von Sr. M. Sigmunda May OSF

»Im Kreuz ist Heil«, Holzschnitt von Sr. M. Sigmunda May OSF

Wir sehen Menschen, die in einer Reihe stehen und sich gegenseitig die Arme über die Schultern legen. So entsteht eine Menschenkette – aufgereiht wie eine Fußballmannschaft im Fernsehen zum Gruppenfoto. Doch in der Mitte der Menschenkette steht der Gekreuzigte.

Das Bild lädt ein, die Figur als Denkmal nachzustellen: Ein Freiwilliger erklärt sich bereit, sich in der Mitte des Sitzkreises vor dem Bodenkreuz wie Jesus auf dem Bild zu positionieren und beide Arme dabei weit auszustrecken. Dazu wird Schweigen vereinbart. Die Arme werden schon nach wenigen Minuten immer schwerer. Wie lange wird die Kraft reichen? Kommt jemand im Kreis spontan auf die Idee, sich stützend rechts oder links dazuzustellen, wie es auf dem Bild zu sehen war? Wenn nicht, genügt eigentlich ein ermutigender Impuls der Leitung, die Figur nun weiterzubauen. Einzeln nacheinander stellen sich immer mehr dazu, bis sich am Ende alle Teilnehmer so eingereiht haben: mit einer Schulter stützend und den freien Arm selbst ausgestreckt. Um den beiden Teilnehmern am Rand auch Erleichterung zu verschaffen, findet sich nun die Lösung, einen Kreis zu bilden. Anders als auf dem Ausgangsbild bleibt niemand mehr mit ausgestrecktem Arm am Kettenende übrig.

Und noch eine Entdeckung kann angeregt werden: Wenn ein Fremder den Raum jetzt betreten würde, wäre für ihn nicht auszumachen, wer denn ursprünglich als »Jesus« die Mitte gebildet hat. Jeder kommt dafür in Frage. Dafür gibt es jetzt eine nicht sichtbare, aber doch spürbare, Halt gebende Mitte im Kreis – das Kreuz!

Um das Gefühl für den Kreis, der um eine Mitte geschlossen ist, zu verstärken, bewegen sich die Teilnehmer nun vorsichtig so weit es geht zur imaginierten Kreismitte hin. Dann bewegen sie sich noch vorsichtiger nach außen und dehnen den Kreis, ohne dass die Kette reißt. So können alle den Halt, den man dabei einander gibt, merklich spüren.

Die Formation setzt sich in Bewegung. Die Richtung ergibt sich wie von selbst durch die gespürten Kraftverlagerungen mal in die eine, mal in die andere Richtung, nicht wissend, wer sie wirklich bestimmt. Versuchen wir nun wortlos, uns in dieser Formation so zu bewegen, dass das Kreuz am Boden jetzt unsere Mitte wird. Das Erlebnis kann in einen Kreistanz münden (Hava nagila, siehe TG 948) und im Sitzkreis ins Gespräch gebracht werden. Wer hat was erlebt, gefühlt, befürchtet, gedacht? Welche neue Sicht auf das Ausgangsbild hat sich dadurch ergeben?

In einem Bodenbild lässt sich die Erfahrung noch einmal zusammenfassend darstellen:

Vierergruppen werden gebildet. Jeder aus der Gruppe legt eine Kordel als Kopf-Schulter-Silhouette – so, wie das Bild links es zeigt, zu einem kleinen Kreuz als Ausgangspunkt. In sensibler Kooperation optimiert die Gruppe die Lage der Kordeln nur durch stummes Verändern der eigenen Kordel, bis am Ende ein möglichst symmetrisches Bodenbild entsteht, wie auf dem rechten Bild zu sehen ist. Dreiergruppen ergänzen ggf. eine vierte Kordel. Denkbar ist auch, die Kopfschleifen in der Mitte übereinander um das Kreuz zu legen oder einen größeren Außenkreis aus Kordeln zu bilden.

Wir fotografieren unser Gruppenbild dann mit der Kopfkamera, indem wir uns als Kleingruppe wieder mit Schulterschluss um unser Bild stellen, es mit den Augen fixieren, uns einprägen wie auf einer Fotoplatte. Dann schließen wir die Augen, warten mit dem inneren Auge das Nachbild ab, das allmählich als Schatten auf der Netzhaut erscheint. Wir öffnen die Augen noch einmal und vergleichen es mit dem Original, ggf. wird nachgebessert. Am Ende behalten wir es als »geprägtes« Innenbild. Ausklingen kann die Runde mit dem Kanon: »Wo zwei oder drei in meinem Namen« (TG 95).

Eine Osterkerze gestalten

Das Wachsmaterial erhält man im Bastelladen – manchmal auch im Bio-Laden als gefärbte Honigwachstäfelchen. Küchenbrettchen und Modellierstäbchen sollten verfügbar sein. Das Modellierwachs wird erst in der Hand weich geknetet, bevor es mit einem leichten Druck aufgetragen werden kann. Nicht zu filigran arbeiten, sondern eher piktogrammartig in groben Flächenstrukturen oder Linien aus fein gerollten Wachsstäbchen.

A II: Den Kreuzweg gehen

1. »Innehalten – Jesus auf dem Weg zum Kreuz begleiten«

Anliegen

Andacht bedeutet mehr, als die Passion zu erzählen. Wir möchten innehalten, uns dem Kern der christlichen Glaubensüberlieferung vom Leiden und Sterben Jesu zuwenden. Das fällt manchen Kindern nicht leicht, erst recht, wenn sie sich im Raum der Kirche fremd fühlen. Es treffen sich in der Regel nur kleine Kerngruppen einer Gemeinde zur Feier einer Kreuzwegandacht in der Kirche. Darum gilt es, nach neuen Zugangswegen Ausschau zu halten, die Menschen auch über den engen Kreis der Gemeinde hinaus ansprechen.

Zielgruppe

Grundschul- und Kommunionkinder und ihre Familien.

Möglichkeiten

Die Stationsbilder werden mit Hilfe eines Beamers auf eine Leinwand projiziert. Im Gruppenraum, Pfarrsaal oder Klassenzimmer wird durch ein Bodenbild und eine Kerze ein würdiger Rahmen geschaffen. Eine musikalische Untermalung unterstützt die Atmosphäre.

Materialien

Die Gussbilder in diesem Kreuzweg stammen aus der Mitte des 19. Jahrhunderts (entstanden in Altenbühren 1856) und haben in der Pfarrkirche St. Paulus in Brügge 1927 einen festen Platz gefunden. Die Bilder laden zum Erzählen ein und kommen den Sehgewohnheiten von Kindern entgegen. Sie werden auf Folien farbig ausgedruckt (CD-ROM). Sie können natürlich durch eigene Kreuzwegbilder ersetzt werden, wenn der Text dementsprechend angepasst wird.

Ablauf

Nach der Begrüßung folgen die einzelnen Stationen (ggf. Auswahl treffen), die nach einem gleichen Schema aufgebaut sind. Jede Station beginnt mit einer gemeinsamen

Bildbeschreibung: Wir werfen als Beobachter einen Blick auf die Szene und beschreiben, was wir sehen. Dazu gibt es jeweils einen zusammenfassenden Text.
Je nach Zielgruppe kann zusätzlich zu einem Gespräch eingeladen werden. Als Ermutigung, eigene Gedanken beizusteuern, kann man wie ein Reporter mit Mikro ins Bild springen, um die Personen zu befragen. Die Kinder schlüpfen in die Rollen der dargestellten Personen und leihen den Protagonisten im Bild ihre Stimme. Daraus lässt sich ggf. ein Bibliolog entfalten, um eine möglichst intensive Empathie und Identifikation zu erzielen. Ein Gebet und ein Kyrie-Liedruf runden die erste Phase ab.
Zusätzlich wird jeweils eine Geschichte angeboten, die einen Bogen schlägt zur Erzählwelt der Kinder. Die Geschichten sollten nur eingesetzt werden, wenn genug Zeit für ein anschließendes Gespräch zur Verfügung steht, z. B. wenn nur ein, zwei oder drei Stationen vorkommen. Die Andacht klingt mit einem Schlusslied aus.

Eröffnung

Lied: Bruder Christus – Jesus Christus (TG 64)

Einleitung

Am Abend hatte Jesus noch mit seinen Freunden das jüdische Paschafest gefeiert und mit ihnen Brot und Wein geteilt. Es war zugleich eine beglückende, aber auch merkwürdig bedrückende Stimmung. Die Freunde verstanden nicht, was Jesus ihnen damit sagen wollte, als er das Brot segnete: »Dies Brot ist mein Fleisch, dieser Wein ist mein Blut. Tut dies zu meinem Gedächtnis!« Von Verrat war die Rede gewesen, aber sie wussten nicht, wer ihn verraten würde.

Heute stand Jesus wegen Gotteslästerung als Angeklagter vor dem Statthalter Pontius Pilatus. Auf dieses Vergehen stand die Todesstrafe. So machten sie sich große Sorgen. Würde man sie jetzt auch verfolgen? Voller Angst beobachteten die Freunde aus sicherer Entfernung das Geschehen.

1. Station: Jesus wird zum Tod verurteilt

Bildbetrachtung

(Kinder beschreiben lassen, was sie sehen.)

Jesus wird gefesselt von einem Soldaten abgeführt. Rechts neben Jesus sehen wir Pontius Pilatus auf dem Richterstuhl. Gerade hat er das Urteil über Jesus gesprochen: Tod am Kreuz wegen Gotteslästerung! Jetzt wäscht er seine Hände in Unschuld und schiebt die Entscheidung dem Volk zu. »Kreuzige ihn!«, hatten sie immer wieder und immer lauter geschrien.

- Was geht den Männern auf dem Bild wohl durch den Kopf? Was könnte in einer Denkblase stehen?
- Und was geht in unseren Köpfen vor, wenn wir davon hören, dass Jesus zum Tod verurteilt wurde?

Gebet

Jesus, wir können nicht verstehen, warum man dich vor Gericht gestellt und zum Tod verurteilt hat. Du hast das Urteil schweigend angenommen. Wie du stehen auch heute immer wieder Menschen unschuldig vor Gericht und können sich nicht vor Unrecht schützen. Gott will Gerechtigkeit, so hast du es immer wieder gesagt. Wir möchten um diese Gerechtigkeit bitten und uns dafür einsetzen.

Liedruf: Herr, erbarme dich (TG 114)

Hören wir dazu eine Geschichte zum Nachdenken:

Wie konnte ich nur?

Musste es so weit kommen? Petrus starrte in das flackernde Feuer. Warum waren sie nicht einfach geflohen, als die Soldaten kamen, angeführt von Judas, diesem Verräter? Nicht einmal gewehrt hatten sie sich gegen seine Festnahme. Jetzt machten sie wahrscheinlich kurzen Prozess mit Jesus. Aber was konnten sie ihm überhaupt vorwerfen? Er, Petrus, war mit ihm durch ganz Israel gezogen, hatte miterlebt, wie Jesus mit den Menschen sprach, wie er sie im Augenblick der Begegnung ganz und gar verwandeln konnte. Wie sie sich wie neu geboren und von Angst und Behinderungen erlöst fühlten. Das soll ein Verbrecher sein, wenn er so überzeugend von Gott erzählen konnte? Der von Gerechtigkeit predigte und der gerade den Schwächsten zur Seite stand?

Dennoch – den Mächtigen im Land war das gar nicht recht, dass Jesus beim Volk beliebt war, dass sie ihn als Messias, den Befreier Israels feierten und große Erwartungen an ihn hatten, z. B. er würde die Oberherrschaft der Römer beenden. Und jetzt – würden sie Jesus in den Kerker werfen? Oder würden sie ihn wegen Gotteslästerung anklagen? Darauf stand die Todesstrafe. Würden sie ihn etwa kreuzigen? Gestern Abend hatte er beim Paschamahl eine seltsame Beklemmung gespürt. Jesus saß in ihrer Mitte, nahm das Brot, segnete es, brach es und teilte es mit ihnen. Er klang sehr ernst, als er dann sagte: »Nehmt und esst alle davon, das ist mein Leib!« Und als er den Kelch nahm, den Wein segnete und sie einlud, mit ihm aus diesem Becher zu trinken, klang es wie Abschied: »Das ist mein Blut, das für euch alle vergossen wird! Tut dies, sooft ihr es esst und trinkt, zu meinem Gedächtnis!«

Schroff holte ihn die Stimme einer Frau aus seinen Gedanken: »He, du! Du bist doch auch einer von denen. Du warst doch immer mit diesem Jesus zusammen, den sie sich gerade im Gerichtssaal vorgeknöpft haben!« »Was redest du da?«, wies er sie rasch zurück, »Jesus, den kenne ich doch gar nicht, wer soll das sein?« Die Angst, entdeckt zu werden, wuchs. Vorhin hatte schon einmal jemand auf ihn gezeigt. Scheinbar unberührt legte er ein Holzscheit in die Glut. Dann rutschte er in den Schatten, um nicht noch mehr aufzufallen.

Was sollte er bloß tun? Seit letzter Nacht war der Freundeskreis auseinandergebrochen. Zu groß war der Schreck, zu tief saß die Enttäuschung nach der Gefangennahme Jesu mitten in der Nacht. Wieso hatte er sich überhaupt auf Jesus eingelassen? Warum hatte er alles stehen und liegen lassen damals am See? Er war doch damals schon felsenfest von Jesus überzeugt. Dieser Mensch war ein ganz besonderer, er war für ihn ein Geschenk Gottes – ganz ohne Zweifel.

Was hatte er nicht alles von ihm gelernt und erfahren! Seine Worte gingen ihm nach: »Wenn das Weizenkorn nicht in die Erde fällt und stirbt, bleibt es allein und wertlos. Wenn es aber stirbt, keimt und aufgeht, bringt es reiche Frucht!«, so hörte er wieder seine Stimme – als hätte er das von sich selbst gesagt. Ja, Jesus hatte in den letzten Tagen oft von seinem Tod gesprochen. Angst kroch in ihm hoch. »Wenn es aber stirbt, bringt es himmelreiche Frucht!«, so hörte er ihn ganz deutlich sagen. Es lag so viel Hoffnung in diesen Worten.

»Das Reich Gottes, von dem ihr alle träumt, ist unscheinbar klein – wie ein Senfkorn. Aber wenn es aufgeht, wird es groß wie ein Baum!« Doch wie sollte das jetzt noch wachsen und werden – ohne ihn, seinen Jesus?

Die Flammen waren von einem Windstoß angefacht worden und hatten den Vorhof des Gerichtsgebäudes hell erleuchtet. Da sagte einer: »Aber ja! Natürlich, der war doch immer an der Seite von Jesus!« Petrus spürte plötzlich alle Augen auf sich gerichtet. Schnell ergriff er seine Sachen und sprang auf: »Menschenskinder, ich habe mit dem da im Gerichtssaal nichts zu schaffen! Lasst mich doch in Ruhe!«

Er hatte noch nicht ausgesprochen, da krähte ein Hahn. Er zuckte zusammen: »Noch ehe der Hahn kräht, wirst du mich dreimal verleugnet haben!«, so hatte ihm Jesus prophezeit.

»Mein Gott, Jesus, ich habe ihn im Stich gelassen!«, schoss es ihm durch den Kopf. Er schlich sich davon, verkroch sich in einer Mauernische und weinte bitterlich.

Wolfgang Gies

Gespräch

Hier kann sich jeweils eine Gesprächsphase anschließen. Abgeschlossen wird mit einer kurzen Zusammenfassung der Beiträge und ggf. mit einem Lied oder Liedruf.

Lied: Wenn die Welt euch verlacht (TG 761)

2. Station: Jesus nimmt das schwere Kreuz auf seine Schultern

Bildbetrachtung

(Kinder beschreiben lassen, was sie sehen.)

Ein Mann übergibt ein Kreuz an Jesus. Er muss das schwere Kreuz selbst tragen. Der Soldat zwingt ihn dazu und droht mit dem Schwert. Das Recht dazu gibt ihm der Urteilsspruch auf der Schriftrolle in der Hand des Mannes im Hintergrund.

- Was geht den Männern durch den Kopf?
- Und was geht in unseren Köpfen vor, wenn wir davon hören, dass Jesus sein Kreuz tragen muss?

Gebet

Jesus, du hast die schwere Last auf dich genommen und bist dem Leidensweg nicht ausgewichen, obwohl es sehr schwer war. Du bist deinem Wort treu geblieben, auch wenn alle dich im Stich ließen und nicht verstehen konnten, was dich antrieb. Du hast dein Leben in die Waagschale geworfen für eine bessere Zukunft der Menschen und im Glauben an Gottes Gerechtigkeit.

Liedruf: Herr, erbarme dich (TG 114)

Hören wir dazu eine Geschichte zum Nachdenken. Es ist eine Legende, die sich Menschen immer wieder erzählten – Menschen, die manches schwere Kreuz im Leben zu tragen hatten:

Die Kreuzesschau

Ein Mann fühlte sich überfordert von all den Schicksalsschlägen, die ihn getroffen hatten. Als er sich bei Gott beklagte, führte dieser ihn in ein großes Himmelsareal voller Kreuze in allen Größen und Formen.
    Gott forderte ihn auf, sich selbst ein Kreuz auszusuchen.
    So ging der Mann auf die Suche. Die Wahl fiel ihm schwer. Das eine Kreuz war ihm zu klein, die meisten anderen viel zu schwer, zu groß, zu

kantig, zu rau, zu brüchig oder zu dornig ... Keines der Kreuze wollte zu ihm passen, so sehr er um eine bessere Wahl bemüht war.

Als er sich schon wieder auf den Rückweg begab, entdeckte er plötzlich ein Kreuz, von dem er beim genauen Betrachten überzeugt war, dass dieses Exemplar am besten zu ihm passen würde.

Er stellte Gott seine Wahl vor und musste dabei erkennen: Es war genau das Kreuz, das er bisher getragen hatte, es war sein eigenes.

nach einer Legende

Gespräch oder Stille *wie bei der 1. Station*

Lied: Es gibt jemand (TG 630)

3. Station: Jesus fällt zum ersten Mal unter dem Kreuz

Bildbetrachtung

(Kinder beschreiben lassen, was sie sehen.)

Jesus kniet zusammengesunken unter dem Kreuz auf dem Boden! Einer der Soldaten hält das Kreuz fest, damit es nicht auf Jesus fällt. Ein anderer versucht, Jesus wieder hochzuziehen. Der Befehlshaber zeigt, wo es langgeht: Los, auf geht's, weiter!

- Was geht den Männern durch den Kopf?
- Und was geht in unseren Köpfen vor, wenn wir davon hören, dass Jesus unter der Last des Kreuzes zusammenbricht?

Gebet

Jesus, du hast so viel auf dich genommen! Warum musstest du den schweren Weg in den Tod gehen? Damit die Menschen endlich auf dich hören und dir glauben? Auch heute haben Menschen schwere Leidenswege zu gehen. Lass sie in dir Hoffnung und Trost finden, neue Kraft und Mut.

Liedruf: Herr, erbarme dich (TG 114)

Hören wir dazu eine Geschichte:

Belastungsprobe

Ein Mann hatte in der Wüste in einer Oase vor lauter Übermut einen großen Stein genommen und ihn einem jungen Palmbaum aufgedrückt, mitten ins Mark der Krone.

Die Palme versuchte vergeblich, die schwere Last abzuschütteln, und krallte sich verzweifelt immer tiefer mit ihren Wurzeln in den Sandboden, um Halt zu finden und den Stein ertragen zu können. Tief im Boden stieß sie auf Grundwasser, sodass sie davon trinken konnte und die Kraft bekam, den Stein zu stemmen. So wurde sie größer als all die anderen Palmen der Oase – der schwere Stein hatte ihr die Kraft dafür gegeben.

Viele Jahre später hatte der Mann in der Wüste bei großer Sonnenglut die Orientierung verloren. Nur mit allerletzter Kraft erreichte er die Oase und löschte seinen großen Durst am Brunnen im Schatten einer großen Palme.

Als er wieder zum Bewusstsein kam und zur Palme aufschaute, entdeckte er einen großen Stein in deren Krone.

Jetzt schämte er sich sehr dafür, dass er ihr das Leben einst so schwer gemacht hatte in seinem Übermut. Nun verdankte er ihr das Leben, denn ohne ihren Schatten wäre er wahrscheinlich verdurstet und nicht wieder zu sich gekommen.

nach der Erzählung »Die Steinpalme«

Gespräch oder Stille *wie bei der 1. Station*

Lied: Eine Handvoll Hoffnung (TG 710)

4. Station: Jesus begegnet seiner Mutter

Bildbetrachtung

(Kinder beschreiben lassen, was sie sehen.)

Die Gruppe ist stehen geblieben. Eine Frau spricht mit Jesus. Es ist Maria, seine Mutter. Bei ihr steht ein Mann, vielleicht Johannes, der seine Hand tröstend auf ihre Schulter legt. Jesus schaut seiner Mutter tief in die Augen. Doch der Soldat boxt Jesus in den Rücken. Der Hauptmann mahnt zur Eile.

- Was geht Maria und den Männern durch den Kopf? Was sagen sie sich wohl?
- Und was geht in unseren Köpfen vor, wenn wir davon hören, dass Jesus zum letzten Mal mit seiner Mutter sprechen kann?

Gebet

Jesus, deine Mutter stand vom ersten Tag deines Lebens an deiner Seite. Sie hat alles gegeben, damit dein Leben gelingt und Früchte bringt. Überall in der Welt kämpfen Mütter oft einen verzweifelten Kampf ums Überleben ihrer Kinder. So steht die Begegnung mit deiner Mutter stellvertretend für alle von Sorgen für ihre Kinder geplagten Mütter und Väter. Lass sie nicht verzweifeln und Wege finden aus dem Leid.

Liedruf: Herr, erbarme dich (TG 114)

Hören wir dazu eine Geschichte:

Der Pelikan

In einem fernen Land brach einst eine große Dürre aus. Die Quellen versiegten und die Felder trugen keine Früchte mehr. Mensch und Tier verkümmerten und litten großen Hunger und Durst. So erging es auch der Pelikan-Familie. Der Pelikanvater sorgte sich – wie auch die Mutter – sehr um die Kinder, gleichwohl sie selbst von Tag zu Tag an Kraft verloren. Wie sollten sie ihre Jungen am Leben halten? Es gab kaum noch etwas

Nahrhaftes weit und breit. In dieser großen Not hackte sich die Pelikanmutter mit dem großen Schnabel ein Loch in die Brust. So konnten die Kleinen das Blut trinken und die Dürrekatastrophe überleben. Die Pelikaneltern aber starben – getröstet wohl durch die Gewissheit, dass wenigstens ihre Nachkommen weiterleben würden.

nach dem Physiologus (2. bis 4. Jahrhundert n. Chr.)

Gespräch oder Stille

Lied: Mutter Maria (TG 530)

5. Station: Simon von Zyrene hilft Jesus das Kreuz tragen

Bildbetrachtung

(Kinder beschreiben lassen, was sie sehen.)

Jesus kann nicht mehr. Damit es weitergeht, zwingen sie einen Mann am Wegesrand, Simon von Zyrene, mit anzupacken und Jesus zu helfen, das schwere Kreuz zu tragen. Mit einem Strick zieht der Lanzenträger Jesus wie ein Schaf zur Schlachtbank.

- Was geht dem Simon und den Männern wohl durch den Kopf?
- Und was geht in unseren Köpfen vor, wenn wir davon hören, dass Simon Jesus beim Tragen helfen musste?

Gebet

Jesus, nicht freiwillig steht dir Simon von Zyrene bei. Dennoch hilft er dir weiter. Einer trage des anderen Last, dazu hast du einst deine Anhänger aufgefordert. Eigentlich doch eine Selbstverständlichkeit. Jeder weiß, wie froh er ist, wenn ihm jemand hilft, wenn er in Not gerät oder eine Aufgabe zu schwer für ihn allein ist. Dennoch helfen wir einander oft nicht. Lass mich aufmerksamer und wacher für die Lasten werden, die andere tragen müssen.

Liedruf: Herr, erbarme dich

Hören wir dazu eine Geschichte:

Einer trage des anderen Last

»Einer trage des anderen Last, dann erfüllt ihr Gottes Gesetz!« Das waren Worte Jesu gewesen. Und ein anderer Satz ging Damian durch den Kopf: »Wenn du willst, kann ich gesund werden«, das hatte damals der Leprakranke zu Jesus gesagt.

Und diese Sätze gingen ihm nicht aus dem Sinn. Mit 23 Jahren war er aus Belgien kommend im Jahr 1850 auf Hawaii gelandet. Zusammen mit anderen Missionaren wollte er den Menschen hier von Gott erzählen, so wie Jesus einst. Dann hatte er von der Nachbarinsel gehört: Molokai, die Insel der Todkranken. Leprakranke wurden dorthin gebracht, damit sie niemanden mehr ansteckten. Dort lebten sie, auf sich selbst gestellt, alleingelassen mit ihrer schrecklichen Krankheit, unheilbar – damals. »Einer trage des anderen Last!« Wie konnte er hier das Wort Gottes im Munde führen, wenn nebenan Menschen in fürchterlicher Not dem Tod entgegensiechten ohne jeden Beistand? Pater Damian Deveuster ließ sich nach reiflicher Überlegung freiwillig auf die Insel übersetzen, wohl wissend, nie wieder zurückzudürfen, ja früher oder später selbst Opfer der Seuche zu werden. Doch er ließ sich nicht beirren. Er kroch in die einfach gebauten Hütten der Kranken, wusch und pflegte sie, so gut er eben konnte, baute Blockhäuser und legte eine Wasserleitung an: »Einer trage des anderen Last!« Schon sechs Jahre später standen dreihundert kleine Häuser. Ein kleines Dorf war gewachsen. Die Todkranken lernten, sich gegenseitig zu helfen. Das gab Trost und Hoffnung in dem sonst bodenlosen Elend. »Wenn du willst, kann ich gesund werden«, diesen Glauben an einen Gott, der jeden Menschen annehmen will, lebte er vor. So half er den Gezeichneten, nicht an Gott und ihrem Schicksal zu verzweifeln. Als Pater Damian schließlich selbst von der Lepra befallen wurde, weigerte er sich, die Insel zu verlassen, um sich in einem Sanatorium behandeln zu lassen. 1889 starb er nach langem Leiden auf der Insel. Die Kunde von seinem Lebenseinsatz aber hatte Europa erreicht und beeindruckt. Aufmerksam geworden auf die Lage der Aussätzigen, erhöhte sich endlich die Bereitschaft, der Seuche gezielt medizinisch zu begegnen. Auf der Insel Molokai entstand ein Hospital. Die Lepra wurde als heilbar erkannt, wenn nur die hygienischen Lebensbedingungen verbessert würden. Medizin wurde entwickelt. Das Gewissen der Welt war aufgeschreckt. Die

Saat, die Pater Damian Deveuster in die Erde gelegt hat, sein Lebenseinsatz zeigt bis heute deutliche Spuren. Wenn wir wirklich wollten, könnten wir die Lepra endgültig besiegen! Wenn wir mehr Mittel bereitstellen würden, bräuchte niemand mehr an Lepra zu sterben! Ein Wunder? »Wenn du willst, kann ich gesund werden!«

Wolfgang Gies

Gespräch oder Stille *wie bei vorhergehenden Stationen*

Lied: Brich dem Hungrigen dein Brot (TG 206)

6. Station: Veronika reicht Jesus das Schweißtuch

Bildbetrachtung

(Kinder beschreiben lassen, was sie sehen.)

Wieder hält die Gruppe kurz an, auch wenn der Anführer mit der Faust droht: Veronika fällt vor Jesus auf die Knie und reicht ihm ein Tuch, damit er sich das Gesicht abwischen kann. Schweiß und Blut haben sein Gesicht darin abgedruckt. Der Hauptmann fordert Simon auf, endlich weiterzugehen.

- Was geht Veronika und was geht den Männern durch den Kopf? Was sagen sie wohl?

- Und welches Bild haben wir uns von Jesus machen können? Welches Bild hast du gerade von Jesus in dir – in deinem Kopf, in deinem Herzen?

Gebet

Jesus! Der Name Veronika heißt »wahres Bild«. Dein Gesichtsabdruck im Tuch war eine kostbare Erinnerung für Veronika. Doch welches Bild haben wir eigentlich von dir? Das Bild, das die Bibel von dir zeichnet, sollte uns ermutigen und beflügeln: Du hast so oft anderen Menschen beigestanden. Dein Vorbild soll Ansporn und Auftrag für unser Leben sein.

Liedruf: Herr, erbarme dich (TG 114)

Hören wir dazu eine Geschichte:

Wo euer Schatz ist, da ist euer Herz!

Nachdenklich kam Elisabeth an diesem Morgen aus dem Gottesdienst. Sie trug ihr Festtagskleid, wie es sich für sie als Landgräfin am Feiertag gebührte. Sie hatte Geburtstag. Ihr Mann hatte aus diesem Anlass die Großen des ganzen Reiches zu einem Festgelage geladen. Nur das Beste aus der Küche durfte auf den Tisch, beste, erlesene Weine und üppige Speisen waren bereitgestellt.

Herolde waren übers Land geritten und hatten den Bauern die fettesten Tiere und letzten Erntevorräte abverlangt. Und da es ohnehin ein Hungerjahr für sie gewesen war, gaben sie nur unter Androhung schwerster Strafen, was von ihnen verlangt wurde. Soweit sich bei ihnen denn überhaupt noch etwas fand. Wenn der Königshof etwas brauchte, bediente er sich eben bei den Bauern ihres Hoheitsgebietes nach eigenem Gutdünken. So war das seit eh und je. Die Bauernfamilien waren Leibeigene, sie gehörten mit Leib und Leben dem Landesherrn und waren auf Gedeih und Verderb von ihm abhängig. In der Kirche war das Evangelium verlesen worden: »Verkauft eure Habe und gebt den Erlös den Armen! Macht euch Geldbeutel, die nicht zerreißen. Verschafft euch einen Schatz, der nicht abnimmt, droben im Himmel, wo kein Dieb ihn findet und keine Motte ihn frisst. Denn, wo euer Schatz ist, da ist auch euer Herz!« Wie passte das zusammen mit ihrer fürstlichen Pracht und Macht? Wie konnte sie das Pochen überhören, das Tag und Nacht an den Toren ihres Schlosses zu hören war. Das Pochen verzweifelter, hungernder und ausgemergelter Frauen und Kinder! Heimlich war sie schon mehrmals, wenn ihr Mann auf Jagd war, in einen alten Umhang verkleidet in das kleine Städtchen am Fuße des Schlossberges hinabgestiegen, hatte sich unerkannt umgeschaut und umgehört. Aufgewühlt kam sie nach solchen Ausflügen jedes Mal in die Burg zurück, überwältigt von dem Elend und der Not der Landeskinder, denen sie dort unten begegnet war.

»Verschafft euch einen Schatz, der nicht abnimmt, droben im Himmel, wo kein Dieb ihn findet und keine Motte ihn frisst!«, so ging es ihr durch den Kopf. Als sie schließlich den Festsaal betrat und die überreich gedeckten Tafeln erblickte, da klopfte ihr Herz bis zum Hals: »Nein«, sagte sie, »keinen Bissen kriege ich runter von all den reichen, fetten Speisen. Ich kann mich nicht an diesen Tisch setzen und mit all den Prassern schlemmen, weil ich doch weiß, wie bitter die Armut schmeckt, gleich hinter diesen dicken, schützenden Burgmauern.

Ich habe sie mit meinen eigenen Augen gesehen: hungernde Kinder bettelnde Frauen, Alte und Kranke, abgearbeitete Väter und Mütter!« Ihr Mann erschrak, als er Elisabeth so fest entschlossen vor sich stehen sah: »Elisabeth, doch nicht hier und jetzt an deinem Geburtstag so einen Aufstand machen! Ich hatte dir verboten, in die Stadt zu gehen. Du siehst jetzt, wohin das führt, wenn du dich da unten einmischst! Das ist eine Welt für sich – das ist nicht deine, nicht unsere Welt! Komm, setz dich an meine Seite, deine Gäste sind schon ganz ungeduldig. Blamier mich bitte nicht mit deinem Auftritt! Ausgerechnet heute, an deinem Geburtstag!«

Doch Elisabeth wollte davon nichts wissen: »Wenn ihr das verantworten wollt, dann greift zu und esst euch satt und rund. Ich werde nur mit euch essen, wenn auch die mit zu Tische sitzen, von denen ihr das genommen habt.« Und sie wies auf die Speisen. »Ja, das ist mein größter, mein einziger Geburtstagswunsch: Öffnet die Tore und Türen des Schlosses! Alle, die hungrig sind, sollen eintreten und mit mir Festmahl halten dürfen! Denn das ist der Wille des Herrn: Verschafft euch einen Schatz, der nicht abnimmt! Da droben! Nehmt meinetwegen all die Goldgeschenke meiner Gäste und bezahlt die Kosten für das Essen damit. Feiern kann ich nur, wenn *die* Menschen an meinem Tisch sitzen, die mir am Herzen liegen!«

Die junge Landgräfin verzichtete tatsächlich auf all ihren Reichtum und kümmerte sich fortan um die Menschen, die ihr am Herzen lagen. Sie ließ ein Krankenhaus bauen und umsorgte Kranke und Sterbende. Sie richtete eine Küche ein, in der für Hungernde gekocht und Essen verteilt wurde. Auch die Angst vor Ansteckung hielt sie nicht zurück, für Menschen da zu sein, die ihre Nähe brauchten. Als sie selbst schwer krank wurde und in jungen Jahren starb, ist der Kaiser selbst barfuß hinter ihrem Sarg geschritten, um ihr Leben zu würdigen und zu ehren: Ihr Schatz war da, wo auch ihr gutes Herz war – bei Gott. So mag es sich zugetragen haben im Leben der heiligen Elisabeth von Thüringen.

Wolfgang Gies

Gespräch oder Stille

Lied: Wenn das Brot, das wir teilen (TG 193)

7. Station: Jesus fällt zum zweiten Mal unter dem Kreuz

Bildbetrachtung

(Kinder beschreiben lassen, was sie sehen.)

Der Anführer holt aus mit dem Strick, um Jesus damit zu peitschen. Denn Jesus ist wieder zusammengebrochen unter dem Kreuz. Es ist zu schwer für seinen geschwächten Körper.

- Was geht den Männern durch den Kopf?
- Und was geht in unseren Köpfen vor, wenn wir davon hören, dass Jesus zum zweiten Mal zusammengebrochen ist?

Gebet

Jesus, deine Kräfte schwinden, du stürzt zu Boden. Das Kreuz ist viel zu schwer für dich. Lass uns anderen helfen, wenn wir sehen, dass sie nicht mehr weiterkönnen. Schenk und die Kraft, mutig gegen Unrecht und Gewalt, gegen Hunger und Armut in der Welt zu kämpfen!

Liedruf: Herr, erbarme dich (TG 114)

Hören wir dazu eine Geschichte:

Immer wieder aufstehen

Ein junger Priester bereitet sich in der Karwoche auf seine Predigt vor Straftätern im Gefängnis vor. Die meisten sind nicht zum ersten Mal hier. Viele verbüßen langjährige Haftstrafen. Was soll er denen sagen? Würden sie überhaupt am Karfreitag zum Gottesdienst kommen?

Viele Bibelworte gehen ihm durch den Kopf. Welche Geschichte kann den »Knastbrüdern« Mut machen? Worauf würden die hören? Er liest die

Leidensgeschichte Jesu noch einmal nach, sucht einen passenden Ansatzpunkt für seine Predigt ... Als er sich dann am Karfreitag aufmacht zur Justizvollzugsanstalt und die kleine Gefängniskapelle betritt, wird er von höhnischen Gesichtern begrüßt. Die meisten sind wohl nur der Einladung gefolgt, um für eine Stunde aus der engen Zelle in eine andere Umgebung zu kommen und ein wenig Abwechselung in ihrem tristen Knastalltag zu finden. Auf dem Weg zur Kanzel verfolgten ihn skeptische Blicke und spöttische Bemerkungen. In seiner Nervosität passierte es dann: Auf der letzten Stufe zur Kanzel stolperte er und stürzte polternd die Wendeltreppe herunter. Da lag er vor den Gefangenen am Boden – begleitet von deren lautem Gelächter.

Er riss sich zusammen, versuchte aufzustehen und zog sich dann am Geländer so gut es ging zur Kanzel hoch. Dort zupfte er sein Priestergewand zurecht und richtete das Mikrofon. Dann sagte er, statt der vorbereiteten Predigt, was er gerade dachte: »Ja, ich bin auf die Schnauze gefallen soeben, das habt ihr miterlebt. Aber wenn ich eines begriffen habe vom Leidensweg Jesu, dann das: Du kannst immer wieder aufstehen, wenn du ein ganzer Kerl bist! Jesus fiel dreimal auf dem Weg zum Kreuz – er stand dreimal wieder auf. Dann machten sie ihn fertig und ließen ihn am Kreuz elendig sterben. Aber nach drei Tagen stand er wieder auf, sogar aus dem Grab: Gottes Liebe ist stärker als alles Leid der Welt!«

Wolfgang Gies

Gespräch oder Stille

Lied: Worauf es ankommt, wenn er kommt (TG758)

8. Station: Jesus begegnet den weinenden Frauen

Bildbetrachtung

(Kinder beschreiben lassen, was sie sehen.)

Eine Frau kniet vor Jesus neben einer zweiten, die ein kleines Kind auf dem Arm hält. Sie weinen, als sie Jesus kommen sehen. Jesus wendet sich ihnen zu und spricht mit ihnen. Der Hauptmann schaut drohend auf Simon. Er soll weitergehen und nicht herumstehen.

- Was hat Jesus den Frauen wohl gesagt? Was würdest du den Frauen sagen?
- Was geht den Männern durch den Kopf?

Gebet

Jesus, du hast mit den Frauen gesprochen, die dort am Wegesrand deinetwegen weinten. Waren es nur Klageweiber? Oder waren ihre Tränen echt? Was du ihnen gesagt hast, macht eher Angst: »Weint nicht um mich, sondern um euch und eure Kinder! Sie werden die Leidtragenden sein, wenn ihr nicht auf Gott hört!« Lass uns aufmerksam auf deine Worte hören.

Liedruf: Herr, erbarme dich

Hören wir dazu eine Geschichte:

Wie eine Quelle in der Wüste

Ihr Frauen von Jerusalem, weint nicht über mich; weint über euch und eure Kinder! Denn wenn das mit dem grünen Holz geschieht, was wird dann erst mit dem dürren werden? (Lk 23,29.31).

Eine große Dürre war über das Land gekommen. Zuerst war das Gras braun und grau geworden. Dann starben Büsche und kleinere Bäume. Kein Regen fiel, der Morgen erwachte ohne die Erfrischung des Taus.

Die Tiere waren in großer Zahl verdurstet, denn nur wenige hatten noch Kraft gehabt, aus dieser Wüste zu fliehen.

Die Trockenheit dauerte an. Selbst die stärksten, ältesten Bäume, deren Wurzeln bis tief in die Erde reichten, verloren ihre Blätter. Alle Brunnen und Flüsse, alle Quellen und Bäche waren vertrocknet. Eine einzige Blume war – wie durch ein Wunder – am Leben geblieben. Eine ganz kleine Quelle spendete ihr ein paar Tropfen Wasser. Doch die Quelle weinte und war dem Verzweifeln nahe: »Alles vertrocknet und verdurstet und stirbt. Ich kann doch daran nichts mehr ändern. Wozu soll es noch sinnvoll sein, dass ich die paar Tropfen Wasser aus der Erde hole und auf den Boden fallen lasse wie letzte Tränen?« Ein alter kräftiger Baum stand in der Nähe. Er hörte das Jammern und Klagen und sagte zur Quelle, bevor er starb: »Niemand erwartet von dir, die ganze Wüste zum Grünen zu bringen. Deine Aufgabe ist es, einer einzigen Blume Leben zu spenden. Mehr nicht.«

nach einem afrikanischen Märchen

Gespräch oder Stille

Lied: Alle Knospen springen auf (TG 94)

9. Station: Jesus fällt zum dritten Mal unter dem Kreuz

Bildbetrachtung

(Kinder beschreiben lassen, was sie sehen.)

Wieder liegt Jesus am Boden. Ganz in sich zusammengesackt ist er. Er kann nicht mehr. Doch man gönnt ihm keine Ruhe und treibt ihn weiter an. Wie weit mag es noch sein?

- Was geht den Männern durch den Kopf? Was rufen oder schimpfen sie?
- Und was geht in unseren Köpfen vor, wenn wir sehen, wie erschöpft Jesus ist?

Gebet

Jesus, was hast du alles auf dich genommen! Du warst zeitlebens für andere da, hast Menschen geholfen und sie geheilt. Trotzdem wurdest du so gequält. Alles könnte so gut werden, wenn Menschen dir glauben und auch wir dir glauben: Gott ist immer für uns da wie die Sonne, auch wenn wir sie manchmal nicht sehen! Stärke in uns diesen Glauben.

Liedruf: Herr, erbarme dich

Hören wir dazu eine Geschichte:

Wenn das Weizenkorn nicht in die Erde fällt und stirbt

»Wenn das Weizenkorn nicht in die Erde fällt und stirbt, bleibt es allein!«, so sagte Jesus vor seinem Leidensweg. »Wenn es aber stirbt, bringt es reiche Fruch"!« (Joh 12, 24).

»Nein, ich will nicht!«, schreckte das Weizenkorn plötzlich wie aus einem Alptraum erwacht auf, »ich will nicht ausgestreut werden, nicht auf den Boden fallen und Wind und Regen preisgegeben sein. Ich will nicht begraben werden in der Erde und sterben.«

Als es den Bauern kommen hörte, verkrümelte sich unser Weizenkorn aus lauter Angst vor der ungewissen Zukunft ganz tief in der Ritze zwischen zwei Bodenbrettern auf dem Heuboden. So wollte es sein Leben retten und nicht geopfert werden.

Da lag es also in seinem Versteck in der dunklen Scheune, ganz allein. Es wurde nicht ausgesät wie all die anderen Weizenkörner. So blieb es aber nicht nur, wo es war, sondern auch was es war: ein sprödes Korn, das nie zum Leben erweckt wurde durch die Strahlen der Frühlingssonne. Es erfuhr nie, wie köstlich der Regen schmeckt, lernte nicht, Wurzeln zu schlagen und sich zu entfalten, dem Licht der Sonne entgegenzuwachsen. Den blauen Himmel bei Tag und den glitzernden Sternenhimmel in der Nacht sah es nie. Auch wiegte es sich nie mit den vielen Halmen im Wind. Weder Bienen noch Schmetterlinge begegneten ihm, auch nicht die Tiere des Waldes oder die Käfer aus der Erde. Es spürte weder die frische Sommerluft noch den kühlen Tau auf seinen Blättern. Was taugt so ein Korn, wenn es nicht wachsen, reifen und Frucht bringen will?

So lag es nur nutzlos auf dem trockenen Boden, eingeklemmt zwischen Bodenbrettern. Es wuchs und reifte nicht, vermehrte sich nicht und wurde nicht geerntet. Es blieb ein sprödes Saatkorn, ohne zu werden, was es hätte werden können: Brot gegen den Hunger, Brot, das Leben schenkt. Weil es sich verweigerte und sich nicht auf den Weg machte, der jedem Saatkorn bestimmt ist, verkümmerte es kraftlos, bis eines Tages der Knecht mit dem Besen kam und es mit dem Staub aus der Scheune fegte.

Wolfgang Gies

Gespräch oder Stille

10. Station: Jesus wird seiner Kleider beraubt

Bildbetrachtung

(Kinder beschreiben lassen, was sie sehen.)

Sie sind auf Golgota angekommen. Schon reißen die Soldaten Jesus die Kleider vom Leib. Es ist der Lohn für ihre Henkersarbeit. Links im Bild hockt ein Mann mit einem Würfelbecher. Sie wollen den Rock nicht zerschneiden. Sie würfeln darum. Der Hauptmann streicht sich den Bart.

- Was geht den Männern durch den Kopf?

- Und was geht in unseren Köpfen vor, wenn wir davon hören, dass Jesus so bloßgestellt wird und sie ihm nicht einmal die Kleider lassen?

Gebet

Jesus, sie haben dir alles genommen, selbst deine Kleider. Bloßgestellt vor allen, hast du dich trotzdem zu deinem Glauben an Gott, den Vater bekannt. Auch heute werden Menschen bloßgestellt und ihrer letzten Würde beraubt. Warum tun sich Menschen gegenseitig so etwas an? Selbst wenn jemandem das letzte Hemd weggenommen wird, sagst du: Gott ist auf seiner Seite, Gott lässt niemanden im Stich, gerade in solchen Situationen nicht. Schenke uns das Vertrauen, dass Gott uns niemals verlässt.

Liedruf: Herr, erbarme dich

Hören wir dazu eine Geschichte:

Rosenkind – ein altes Märchen

Vor langer Zeit lebte ein Kind, dem waren Vater und Mutter gestorben. Als es nun so allein war, und es nichts mehr gab, was es zu Hause hielt, machte es sich auf den Weg: »Reisen will ich; immer der Sonne entgegen!« Das Mädchen holte aus dem Elternhaus von den Vorräten, die ihm die Mutter hinterlassen hatte. »Nimm davon, wenn ich einmal nicht mehr für dich sorgen kann!«, hatte sie damals gesagt. So legte das Kind nun Früchte und Nüsse in den Korb. Auch von dem Brot nahm es, dazu einen Zweig von Rosen, die an der Mauer wuchsen. »Sie sind mir so lieb, dass ich sie nicht missen möchte.«

Dann ging das Mädchen den Weg über die Hügel. Auf einer Anhöhe begegnete es einem Schaf. Das sagte: »Oh, was für einen schönen Apfel hast du in deinem Korb! Lass mich davon kosten.« – »Wir wollen ihn teilen«, antwortete das Kind. Es gab dem Schaf erst eine Apfelhälfte. Weil ihm der Apfel aber so gut schmeckte, gab es auch die andere Hälfte hin. Da bedankte sich das Schaf und begleitete das Kind noch ein Stück bis an den Rand des Waldes.

Im Wald setzte sich das Mädchen ins Moos, um auszuruhn. Da sprangen zwei Eichhörnchen vor seine Füße. Sie baten: »Gib uns doch von den Nüssen! Der nächste Winter wird bitterkalt werden.« – »Nehmt alle Nüsse und legt sie zu euren Vorräten«, sagte das Kind.

»Hast du auch etwas für mich?«, fragte fordernd ein Wildschwein, das aus seinem Versteck alles mit angesehen hatte. Da reichte das Kind dem Tier die Birne und ging schnell weiter. Als es den Wald verlassen hatte, lag ein klarer See vor ihm.

»Mich hungert! Ein paar Krumen von deinem Brot täten mir gut!«, hörte das Mädchen einen Fisch rufen. »Hier hast du einige Bröckchen!«, antwortete es. Aber da kamen mehr Fische angeschwommen, und aus Freude an den vielen, vielen Fischen teilte das Mädchen das ganze Brot aus. »Ich will mit euch im klaren Wasser spielen!«, rief das Mädchen.

Doch kaum hatte es sein Kleid abgelegt und war in den See gelaufen, kam ein großer Vogel geflogen. Der nahm das Kleid auf und trug es mit sich fort.

»Nun habe ich kein Kleid mehr! Nichts als die Rose ist mir geblieben«, sagte das Kind, spielte aber mit den Fischen weiter, bis die Sonne am

Horizont verschwand. Dann legte es sich müde nieder und schlief ruhig ein.

Die Sonne und der Mond hatten gesehen, was geschehen war. Und weil das gute, frohe Kind ihnen gefiel, beschenkten sie es reich.

Am nächsten Morgen erwachte das Mädchen in einem neuen Kleid. Das leuchtete wie die Morgensonne und war mit Sternen durchwirkt. Das Rosenzweiglein war über Nacht erblüht.

Noch heute, glauben manche zu wissen, geht Rosenkind über die Erde. Und wer ihm begegnet, in dem erblühen Heiterkeit und Freude.

Hanne Dittrich

Gespräche oder Stille

Lied: Wer befreit ist (TG 808)

11. Station: Jesus wird ans Kreuz geschlagen

Bildbetrachtung

(Kinder beschreiben lassen, was sie sehen.)

Sie legen Jesus auf das Kreuz und nageln ihn darauf fest. »König der Juden« steht auf dem Schild, das sie über seinem Kopf am Balken befestigen werden. Der Soldat beugt jedem Widerstand mit dem Schwert vor. Doch Jesus hat keine Kraft mehr. Er greift sich ans Herz vor Erschöpfung.

- Was geht den Männern durch den Kopf?

- Und was geht in unseren Köpfen vor, wenn wir davon hören, dass Jesus ans Kreuz genagelt wurde?

Gebet

Jesus, du hast dich aufs Kreuz legen und festnageln lassen auf Gottes Wort. Nichts und niemand hat dich davon abbringen können. Selbst den grausamen Tod am Kreuz hast du auf dich genommen, um zu Gottes Wort zu stehen. Warum fällt es uns wie den Menschen von damals so schwer, uns auf das einzulassen, wofür du dein Leben in die Waagschale geworfen hast?

Liedruf: Herr, erbarme dich

Hören wir dazu eine Geschichte:

Ich brauche dich

In einem Garten wuchs ein herrlicher Bambusbaum. Der Herr des Gartens hatte seine Freude an ihm. Eines Tages blieb er vor ihm stehen und sagte: »Lieber Bambus, ich brauche dich!« Sofort antwortete der Baum: »Herr, ich bin bereit, gebrauche mich, wie du willst!« Die Stimme des Herrn wurde ernst: »Aber dafür muss ich dir deine Blätter und Äste abschneiden!« Da erzitterte der Baum. Schließlich sagte er leise: »Herr, wenn du mich anders nicht gebrauchen kannst, dann schneide sie ab!« »Ich muss dir noch mehr antun«, begann der Besitzer wieder, »ich muss dich mitten durchschneiden und dich zerspalten! Wenn ich das nicht darf, kann ich dich nicht gebrauchen!« Es dauerte lange, bis der Bambus sich zur Erde neigte und bis ins Mark getroffen flüsterte: »Herr, dann schneide und teile.«

Und der Herr schnitt den Bambus, hieb seine Äste ab, streifte seine Blätter fort und spaltete ihn in zwei Teile. Dann trug er ihn mitten durch die trockenen Felder zu einer Quelle. Dort verband er mit dem Bambusstamm die Quelle mit der Wasserrinne im Feld. Und das klare Wasser schoss durch den zerteilten Körper des Bambus in den Kanal und floss auf die dürren Felder, um eine reiche Ernte möglich zu machen.

So wurde der herrliche Bambus erst zum großen Segen, als er gebrochen und zerschlagen war.

Versteht ihr jetzt ein wenig, warum Jesus Christus uns mit seinem Sterben Segen gebracht hat? Er hat sein Kreuz über den Abgrund gelegt, der die Menschen von Gott trennte.

Willi Hoffsümmer

Lied: Das Weizenkorn muss sterben (GL 210/ TG 218)

12. Station: Jesus stirbt am Kreuz

Bildbetrachtung

(Kinder beschreiben lassen, was sie sehen.)

Sie haben das Kreuz aufgerichtet. Jesus stirbt am Kreuz. Seine Mutter und Maria Magdalena stehen bei ihm unter dem Kreuz. Johannes küsst Jesus die Füße. Der Hauptmann steht nachdenklich dabei.

- Was geht den Frauen und Männern in der Sterbestunde Jesu durch den Kopf?
- Und was geht in unseren Köpfen vor, wenn wir davon hören, dass Jesus so jämmerlich am Kreuz stirbt?

Gebet

Dein Tod hat den Hauptmann überzeugt: »Dieser Mensch war wahrhaftig Gottes Sohn!« Auch wir glauben: Du warst ein besonderer Mensch und du bist der Sohn Gottes. Wir dürfen uns Kinder Gottes nennen. Wir danken dir dafür!

Liedruf: Herr, erbarme dich

Hören wir dazu eine Geschichte:

Max, mein Bruder

Mama war sehr unruhig, als wir wieder nach Hause kamen. Max sei sehr schwach, erzählte sie. Er hatte leichte Schmerzen und ein bisschen übel war ihm auch. Mama hatte Dr. Menze schon angerufen. Er wollte gleich kommen.
    Christina und Veronika sollten ins Bett. Es war längst Zeit. Ich durfte noch aufbleiben.
    Auch Papa war jetzt nervös.
    Es klingelte. Dr. Menze kam. Sie gingen in Max' Zimmer. Ich wagte es nicht, mit hineinzugehen.
    Ich las Christina und Veronika zum Einschlafen noch eine Geschichte

vor. Am Ende wusste ich gar nicht mehr, was ich da eigentlich gelesen hatte. Immer wieder waren meine Gedanken in Max' Zimmer gewandert.

Ich ging wieder nach unten ins Wohnzimmer. Es war sehr still im Haus.

Ich hatte Herzklopfen.

Papa, Mama und Dr. Menze kamen die Treppe herunter.

Ich stand auf und sah sie fragend an. Sie sahen sehr ernst aus.

Mama nahm mich in den Arm. »Jo!« Sie strich mir übers Haar. »Max hat eine Bettlungenentzündung. Er wird diese Nacht vielleicht nicht überleben.«

Max! Mama hielt mich immer noch im Arm. »Möchtest du zu ihm gehen?«

Ich nickte.

»Wir sprechen noch mit Dr. Menze, dann kommen wir auch.« Mama war so ruhig.

Ich hatte weiche Knie, als ich vor Max' Tür stand. Leise ging ich hinein. Und als ich Max sah, wurde ich wieder ruhig.

Ich setzte mich zu ihm und sah ihn an.

Seine Augen hatte er geschlossen. Er war etwas käsig im Gesicht. Und die Sommersprossen auf der Nase waren fast verschwunden. Max atmete etwas schwerer. Aber trotzdem irgendwie gleichmäßig.

Max.

Ich nahm seine Hand und hielt sie fest. »Ich hab' dich lieb, Max!«, dachte ich. »Und ich habe keine Angst davor, dass du stirbst.«

Ich hielt seine Hand und sagte kein Wort. Es war still. Wir waren zusammen.

Max war sehr schwach. Er öffnete seine Augen nicht. Ganz leicht, ich fühlte es genau, drückte er meine Hand.

Max!

Wir sagten kein Wort.

Papa und Mama kamen ins Zimmer. Dr. Menze war gegangen. Mama sah mich an, und wir wussten alle, Max würde sterben.

Mama nahm seine Hand und sprach mit ihm. Ganz ruhig. Max öffnete seine Augen. Er sah uns an und weinte, ganz kurz nur. Sein Abschied.

Papa stand neben mir, und ich glaube, er weinte auch. Mir war, als würden wir größer werden. Max, Mama, Papa und ich.

Mama sprach mit Max. Die ganze Zeit. Mit einem Tüchlein kühlte sie seine Stirn.

Max lag ganz ruhig. Gleichmäßig hob und senkte sich seine Brust.

Mama fühlte Max' Puls. Sie sah, dass seine Fingerkuppen blau wurden.

»Du wirst schön und lange schlafen«, sagte Mama und streichelte sein Gesicht. »Du wirst es wunderbar haben.« Tränen liefen über ihre Wangen. Sie gab Max ein Küsschen. Es war von uns allen.

Das Zimmer war blau wie das Meer, das Meer, in das wir eintauchten. Nichts konnte uns passieren. Max nahm uns mit. Ein kleines Stückchen. Das Meer, tief und blau, wir waren zusammen. Max atmete nicht mehr, so, als hätte er es vergessen. Dann atmete er wieder. Dann noch einmal. Und dann war es still. Ganz still.

Papa schwieg, Mama weinte. Ich umarmte sie. »Mama, das Meer!«, flüsterte ich. Sie drückte mich fest.

Max.

Sigrid Zeevaert

Lied: Wir künden deinen Tod

© Text und Musik: Wolfgang Gies

13. Station: Jesus wird vom Kreuz abgenommen

Bildbetrachtung

(Kinder beschreiben lassen, was sie sehen.)

Maria hält ihren Sohn wie früher im Arm. Doch Jesus ist tot. Sie musste mit ansehen, wie er zu Tode kam, ohne ihm helfen zu können. Josef von Arimathäa, der Mann neben Johannes, hält einen Krug mit Ölen bereit, um den Leichnam zu salben.

- Was geht Maria und den anderen Personen durch den Kopf?
- Und was geht in unseren Köpfen vor, wenn wir auf das Bild schauen?

Gebet

Jesus, da waren nur noch wenige Menschen, die sich um deine Beerdigung gekümmert haben. Darunter war deine Mutter Maria. Wie verzweifelt muss Maria gewesen sein, als sie dich in ihren Schoß gelegt haben. Die Bibel erzählt aber auch, dass du einst an der Verzweiflung einer Mutter nicht vorbeigegangen bist, sondern in Naïn den verstorbenen Sohn wieder zum Leben erweckt hast. Sei allen Müttern nahe, die um ihr Kind trauern.

Liedruf: Herr, erbarme dich

Hören wir dazu eine Geschichte:

Wer ist das, der Todesleid in Freude wandelt?

Diese Wundergeschichte wird von Jesus erzählt, als er noch mit seinen Freunden durch Israel zog und ihm in Naïn eine klagende Witwe in einem Trauerzug begegnete. Ihr Sohn war soeben verstorben – jetzt war sie ganz allein (Lk 7, 11–17):

Warum musste ausgerechnet ihr Sohn sterben? Erst hatte sie ihren Mann verloren und nun auch noch ihren einzigen Sohn! Warum nahm ihr Gott alles, woran ihr Herz hing? Warum ließ der gute Gott sie so sehr leiden? Wie konnte Gott das alles zulassen?

Und so wie sie dachten viele der Teilnehmer an dem langen Trauerzug, der sich aus der Stadt Naïn durch das alte Stadttor hinaus zum Friedhof bewegte. Erschütterte Gesichter, tiefe Trauer soweit das Auge reichte.

»Weine nicht!«, drang es unvermutet an ihr Ohr. Durch ihre Tränen sah sie plötzlich in zwei tief bewegte Augen. Soviel Güte und Mitleid in einem einzigen Augenblick! »Weine nicht!«, hörte sie die Stimme nochmals sagen.

Dann trat diese sanfte Gestalt an die Bahre ihres Sohnes und berührte ihn. Die Träger blieben stehen. »Mensch, Junge, ich sage dir: Steh auf!«, sagte der Mann.

Und da sah sie ihren Sohn, wie er augenblicklich den Kopf hob und sich aufrichtete. Und sie hörte ihn wieder sprechen! Mein Gott! Du erbarmst dich einer alten Witwe!

»Wer ist das, der alles Leid in Freude wandelt?«, fragten die Menschen. So erkannten sie in Jesus den Messias, den Christus.

Wolfgang Gies

Lied: Ich bin das Brot des Lebens (TG 200)

14. Station: Der Leichnam Jesu wird ins Grab gelegt

Bildbetrachtung

(Kinder beschreiben lassen, was sie sehen.)

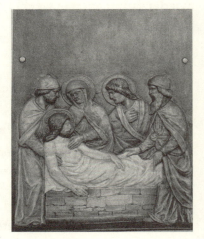

Behutsam und traurig wickeln sie Jesus in ein Leichentuch und legen ihn in ein Grab. Josef von Arimathäa und Maria sind zu erkennen und zwei andere Personen. Wo sind all seine Freunde und Jünger geblieben?

- Was geht ihnen durch den Kopf?

- Und was geht in unseren Köpfen vor, wenn wir davon hören, dass Jesus tot ist?

Gebet

Jesus, du hast dich auch nicht durch den Tod abschrecken lassen, dem Wort Gottes treu zu bleiben. Du hast dein Leben in die Waagschale geworfen und hast dich ganz und gar auf Gott verlassen. Durch deinen Tod hast du die ganze Welt erlöst! So glauben wir Christen es auch heute. Wir wollen aus diesem Glauben an dich leben und unser Leben in deinem Geist gestalten.

Liedruf: Herr, erbarme dich (TG 114)

Hören wir dazu eine Geschichte:

Ein Brot erzählt aus seinem Leben

Geboren bin ich in einem Backofen. Es war so heiß darin, dass ich mich gar nicht mehr genau daran erinnern kann. Später habe ich dann andere Brote gesehen, die noch nicht gebacken waren. Die waren längst nicht so schön wie ich. Entstanden bin ich aus ganz vielen Weizenkörnern. Die hatte der Bauer geerntet. Dann wurden sie zur Mühle gebracht und zu Mehl gemahlen. Das Mehl hat sich der Bäcker geholt und einen Teig daraus gemacht. Mit seinen geschickten Händen hat der Bäcker einen Brotlaib daraus geformt. Als es so weit war, war ich noch nicht fertig.

Wir Brote sind ganz für die Menschen da. Es ist unsere ganze Freude, wenn sie uns essen und satt werden, wenn sie durch uns Freude haben. Nun können die Menschen den Brotteig nicht essen. Sie vertragen das nicht. Aber wenn wir im Ofen gebacken sind, dann sehen wir sehr schön knusprig und braun aus. Dann vertragen uns die Menschen und mögen uns sehr gern. Als ich also fertig war, legte mich der Bäcker ins Schaufenster seines Ladens. Alle sollten sehen, wie schön ich bin, und sie sollten mich kaufen.

Nach ein paar Stunden kam eine kleine Frau in den Laden. Sie hatte ein trauriges Gesicht und alte, abgetragene Kleider an. Sie zeigte auf mich und sagte: »Das Brot möchte ich haben!« Ich war sehr stolz, dass sie mich haben wollte und dachte: »Vielleicht bekommt sie wieder ein frohes Gesicht, wenn sie mich isst und ich ihr gut schmecke.« Ich wanderte also in die Tasche. Bei der Frau zu Hause angekommen, sah ich dann, warum sie so traurig war. Sieben Kinder erwarteten sie schon sehnsüchtig. Ein kleiner Junge weinte, weil die Mutter so lange weggeblieben war, wo er doch so großen Hunger hatte. Aber auch die anderen hatten sie schon ungeduldig erwartet. Der Vater saß in der Ecke und starrte unglücklich vor sich hin. Vor drei Wochen hatte er seinen Arbeitsplatz verloren. Seitdem war es schwer geworden, jeden Tag Brot auf den Tisch zu bringen.

Die Mutter nahm mich aus der Tasche und legte mich mitten auf den Tisch. War das eine Freude bei den Kindern! Und auch der Vater rückte mit an den Tisch. Ich wurde zerschnitten, und jeder bekam etwas zu essen. Als alle anfingen zu essen, da fingen sie auch an, wieder fröhlich zu sein, sie erzählten sich, was sie erlebt hatten. Aller Streit von vorher war vergessen. Wenn Menschen Hunger und Sorgen haben, streiten sie leicht miteinander. Dann halten sie nicht zusammen. Dann gibt es nur böse und mürrische Worte.

Wenn dieses Abendessen zu Ende sein wird, dann wird es mich – das Brot – nicht mehr geben. Aber weil ich da bin, werden diese Menschen satt, werden sie freundlich zueinander, wissen sie wieder, dass sie zusammengehören. Sie fassen wieder neuen Mut. Sie wissen jetzt: Wenn wir zusammenhalten, dann schaffen wir es. Das Brot hier auf unserem Tisch, das wir unter uns geteilt haben, hat uns das heute gezeigt.

Gewiss, ich werde als Brot bald nicht mehr sein. Aber wisst ihr: Es macht mich ganz froh, wenn ich erlebe, dass Menschen durch mich wieder lachen können, dass sie wieder Freude und Mut haben.

Willi Hoffsümmer

Gespräch oder Stille

Lied: Ich bin das Brot des Lebens (TG 200)

2. Ideenkiste

Schaukästen

Die Kinder gestalten ausgewählte Stationen zum Kreuzweg als kleine Schaukästen. Das kann anhand der ausgedruckten Kreuzwegbilder dieses Brügger Kreuzweges, aber auch anhand eines Kinderbilderbuches zur Leidensgeschichte geschehen. Ausgangspunkt ist jeweils der Ausdruck oder die Kopie eines Stationsbildes. Die Personen der Kopie werden jeweils einzeln ausgeschnitten und auf eine schwarze Pappe geklebt, dann wiederum ausgeschnitten, dabei mit einem Klebe-Falz am Fußende versehen. Die einzelnen Figuren werden dann in einem Schuhkarton oder einer Rahmenschachtel als 3D-Gruppe aufgeklebt.

Gestaltungsbeispiele: Diorama

Nacherzählen in Bildern

Besonders für den Religionsunterricht oder eine Gruppenarbeit bieten Bildergeschichten eine gute Nacherzählmöglichkeit. Nach dem Vorbild des Kreuzweges werden die einzelnen Stationsbilder dazu ausgedruckt und von den Kindern durch eine Beschriftung kommentiert. Das kann in Form einer Bildunterschrift, in aufgeklebten Denk- oder Sprechblasen oder ausformulierten Texten geschehen. Eventuell können die Bilder zu einem Bilderbuch zusammengefügt werden. Das kann in Einzel-, Partner oder Gruppenarbeit durchgeführt werden.

Beliebt sind bei Kindern Bilder, auf denen die Sichtweisen der Personen in Sprechblasen eingefügt werden als Vorform eines Bibliologs. Solche Bilder lassen sich später in ein Standbild übertragen, das durch einen Reporter zum Leben und Sprechen erweckt wird.

Leporello

Die Kreuzwegbilder lassen sich farbig und verkleinert für jeden Teilnehmer ausdrucken. Sie werden dann zu einem kleinen Leporello zusammegeklebt, gefaltet und in einer Maxi-Streichholzschachtel befesteigt. So dienen sie als Taschenkreuzweg und Erzählhilfe, denn sie lassen sich auf der Rückseite beschriften.

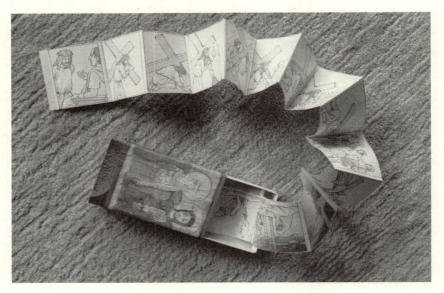

Die Leporello-Bilder stammen von Rolf Bunse.

Ostergarten

In einem Ostergarten werden zentrale Motive der Leidensgeschichte als Szenen mit Puppen nachgestellt – ähnlich den Weihnachtskrippen an Weihnachten. Eine einfache Möglichkeit besteht darin, Flaschen oder andere dicht verschließbare Gefäße mit Wasser zu beschweren und sie mit Stoffresten zu bekleiden. Aus alten Nylonstrümpfen, die um einen Schwamm o. ä. gewickelt werden, entsteht ein Kopf. Das Gesicht wird aus verschiedensten Materialien gestaltet, z. B. Knöpfen für die Augen, Korken für die Nase. Sicherheitsnadeln, Bänder und ggf. auch Heißkleber dienen der Fixierung. Der Fantasie sind dabei keine Grenzen gesetzt.

Egli-Figuren

Aus Biegedraht, Holzkugeln und Stoffresten können Egli-Figuren hergestellt werden. Sie können auch in Mediotheken ausgeliehen oder im Handel erworben werden.

Durch die Körpersprache der biegsamen Puppen können Handlungen deutlicher zum Ausdruck gebracht werden. Weitere Requisiten sollten dabei nur sehr gezielt und sparsam eingesetzt werden. Diese Figuren eignen sich auch als Erzählhilfe vor, während oder nach der Betrachtung einer Station. Daraus kann ein Standbild werden, das weitere Gestaltungsmöglichkeiten eröffnet.

Klangspiel

Der Erzählvortrag wird lebendiger, wenn Klanginstrumente zu Hilfe genommen werden. Das beginnt mit einfacher Körperpercussion wie Klatschen, Stampfen und Stimmgeräuschen. Es können Klangkörper oder Basisinstrumente aus dem Orffschen Repertoire bis hin zu Musikinstrumenten oder gar Synthesizer- oder Computeranimationen verwendet werden.

Zwischen zwei Kreuzwegstationen etwa reicht aber durchaus ein schrittweise zu einem Rap aufgebauter Viererrundschlag, ausgeführt mit Körperpercussion und Klangkörpern wie reisgefüllten Kunststoffflaschen, Holzstäben, Plastikboxen oder Eimern, aneinander geriebenen Plastikfolien oder Metallteilen. Weder die Anzahl an Instrumenten noch die Lautstärke entscheiden über die Klangqualität, sondern das Zusammenspiel der verschiedenen Klangfarben. Crescendo und Decrescendo – vom Flüsterton bis zum Gewitterhagel – sind weitere akustische Stilmittel, die in einer Kirche mit ihrem Raumhall effektvoll eingesetzt werden können.

Zur Not hilft die Rhythmusautomatik eines Keyboards mit Schlagzeugeffekt, den Takt zu finden und das Tempo zu halten.

Teil B:
Jugend

B I: An Kreuzungen stehen

1. »Fragen stellen – die Passion Jesu mit meinem Leben verbinden«

Anliegen

Um eine Vergegenwärtigung und hautnahe Berührungspunkte mit heutigen Erfahrungen soll es gehen. Es wird sich zeigen, wie dicht die Passion Jesu mit unseren existenziellen Fragen korreliert. Menschliche Tragödien werden konkret und emotional nachvollziehbar, wenn Collagen mit aktuellen Pressefotos gezeigt werden. Die eventuell fast zum Klischee erstarrten traditionellen Kreuzwegbilder werden – gekreuzt mit der Wirklichkeit heute – brandaktuell und mit anderen Augen wahrgenommen. Die Passion Jesu wird so bewusst mit unseren Sehgewohnheiten konfrontiert und die Glaubensbotschaft neu zur Sprache gebracht. Die Passionsfrömmigkeit soll einen jugendgemäßen Ausdruck finden; der Verdunstung des Religiösen und der zunehmenden Entfremdung von kirchlichen Traditionen in der jungen Generation soll entgegengewirkt werden.
Die als Malvorlage verwendeten Pressefotos werden im Buch angegeben – sie sollen aber nach Möglichkeit durch aktuelle Fotos ersetzt werden. In den Collagen sind daher gemalte Bilder anstelle der Pressefotos eingesetzt worden.

Zielgruppe

In erster Linie für Jugendgruppen, z. B. Ministranten, für Firmgruppen, aber auch für Schüler im Religionsunterricht der Sekundarstufe.

Möglichkeiten

Das reichhaltige Bild-, Text- und Gestaltungsangebot der Kreuzwegandacht lässt sich in verschiedenen Variationen realisieren. Jede Station ist, wenn alle Vorschläge umgesetzt werden, für sich schon eine Andacht! Wegen der Fülle an Möglichkeiten ist es ratsam, nicht alle 14 Stationen hintereinander zu betrachten, sondern sie auf mehrere Tage, Unterrichts- oder Gruppenstunden zu verteilen oder grundsätzlich zu kürzen!
Folgende Strukturierung ist möglich: Die Collagen können erst später im Gruppenraum gestaltet werden und die Erträge aus dieser Kooperationsphase werden dann in einer weiteren Kreuzwegandacht einige Zeit später in der Gruppe vorgestellt. Oder mit einer Teilgruppe werden die Collagen für die darauffolgende Kreuzwegandacht in der Pfarrkirche vorbereitet. In diesem Fall könnten dafür auch aktuellere Liedertexte (im

Internet) gesucht oder mit der Methode des freien Schreibens eigene lyrische Texte verfasst werden.

Materialien

Der hier vorgestellte Kreuzweg stammt aus der Pfarrkirche St. Josef und Medardus in Lüdenscheid aus dem ersten Viertel des 20. Jahrhunderts.
Gebraucht werden ein Overhead-Projektor, dazu die als Folien ausgedruckten Bilder (siehe CD-ROM) oder ein Beamer, mit dem die Bilder projiziert werden können. Bei Bedarf lassen sich die Bilder auch auf Papier ausdrucken.
Ein Stapel von Illustrierten und vor allem Tageszeitungen der letzten Wochen sollte dann bereitliegen, wenn die Teilnehmer selbst – angeregt durch die Beispiele aus dem Buch – Collagen zusammenstellen möchten. Dafür sind schwarz-weiße Ausdrucke (siehe CD-ROM) bzw. Kopien der Kreuzwegstationen nötig, um sie entsprechend bearbeiten zu können. Wenn zu jeder Station ausführlich gestaltet wird, dann wird dazu je nach Gruppengröße viel Zeit erforderlich sein. Zeitsparender ist es, wenn die Teilnehmer erst am Ende der Andacht nur zu einer ausgewählten Station eine eigene Collage gestalten.
Eventuell sollten Wachsmalstifte, Klebestifte und Scheren bereitliegen. In großen Räumen oder in der Kirche ist eine Lautsprecheranlage hilfreich, über die eventuell auch meditative Musik und Lieder eingespielt werden könnten.
Für die Besinnungen werden folgende Dinge benötigt: Tonscherben, Baumstammabschnitt, Kopie der dritten Kreuzwegstation und Steine, Rosen, Marienfigur, Kopie der fünften Kreuzwegstation, Arbeitshandschuhe, zwei weiße Tücher, Maske, Sprechblasen aus Papier zum Beschriften, Hammer und Nägel, Schuhkartons, ein Blumenstrauß und Teelichter.

Ablauf

Der Ablauf der Stationen ist immer gleich.
Es kann mit einem Lied und einem Ankommensritual begonnen werden, damit sich alle Teilnehmer in der Gemeinschaft und der vielleicht ungewohnten Umgebung einer Kirche oder eines Pfarrsaals wohlfühlen.
Ein Überblick über den Ablauf schafft Verhaltenssicherheit. Auch sollten die gegenseitigen Erwartungen an diese Kreuzwegandacht abgestimmt werden.
Nach der gemeinsamen Bildbetrachtung zur jeweiligen Station – möglichst mit Gespräch – folgt ein meist biblischer Text, der das Geschehen in der Glaubensüberlieferung verankert.
Es schließt sich eine kurze Zusammenfassung an mit einer symbolischen Handlung.

In einer Aktualisierung betrachten die Teilnehmer die fertigen Collagen. Für die Aktualisierung sind eine Sprechsteinrunde oder ein Kreisgespräch sinnvoll. Man kann dazu die drei Impulssätze zuvor je groß auf ein Pappbrettchen schreiben und sie nacheinander auslegen oder als Sprechstein kreisen lassen, damit sie in jeder Station präsent bleiben.

Ein optionaler Gestaltungsvorschlag bietet den Teilnehmern die Möglichkeit, die Collage mit aktuellen Pressefotos neu zu gestalten. Die aktuellen Bilder werden dazu ausgeschnitten und ggf. übermalt, nachgemalt oder in einen Scherenschnitt umgestaltet und dann ins Kreuzwegbild eingefügt. Es wird zum Nachdenken und zum Gespräch eingeladen: Zwei Bilder treffen hier aufeinander – mehr zufällig als planvoll –, eines aus längst vergangenen Tagen und eines mit brisantem Gegenwartsbezug. Wie ein kleines, störendes Sandkorn im Getriebe oder auch das würzende Salz in der Suppe soll das Aufeinandertreffen der Bilder wirken – mal konfrontierend oder provozierend, mal entlarvend, mal den Blick schärfend – beunruhigend, irritierend und für den ein oder anderen sogar deplatziert. Aber genau darüber können die Teilnehmer miteinander nachdenken, ins Gespräch kommen und am Ende zu neuen Perspektiven gelangen.

Zu jeder Station wird dann ein aktueller Musiktitel angegeben (mit Internetadresse). Durch den Liedtext wird das Motiv des Kreuzwegs noch einmal aus überraschend anderer Perspektive beleuchtet. Das schafft eine weitere Möglichkeit zur Auseinandersetzung.

Ein Besinnungstext schließt sich an, der am besten mit verteilten Sprecherrollen vorgetragen wird. Hierbei werden die meditativen Anregungen wieder aufgegriffen und in Symbolhandlungen erfahrbar gemacht. Mit einem Gebet, einem Lied und einem Segensgebet wird die Andacht abgeschlossen.

Noch einmal der Hinweis: Es ist ratsam aus den Angeboten eine Auswahl zu treffen und sie individuell anzupassen!

Eröffnung

Lied: In Ängsten die einen (TG 108)

Nach der Begrüßung bietet sich dieses skurrile Bild zur Betrachtung an, auf dem Jesus als Kreuzträger offenbar Künstlern Modell steht. Das hilft, die verschiedenen Sichtweisen bewusst zu machen, die man auf Kreuzwegbilder werfen kann (Kopiervorlage auf CD-ROM).

Theodoor Galle, Christus mit dem Kreuz als Vorbild für die Maler,
Kupferstich, 17. Jahrhundert

Schnell kann man entdecken, dass nur einer der vielen Künstler in der Tat den als Modell aufgestellten Kreuzträger auf die Leinwand malt. Alle anderen schauen in andere Richtungen und malen aus ihrer Fantasie. Bis zum Teufelskopf reicht das Spektrum der Motive, die dann auf der Leinwand abgebildet sind. Das bedeutet: Jeder macht sich sein eigenes, mehr oder minder distanziertes Bild von Jesus.

Der hier vorgestellte Kreuzweg, den wir nun betrachten, stammt aus der Pfarrkirche St. Josef und Medardus in Lüdenscheid aus dem ersten Viertel des 20. Jahrhunderts. Auch diese Kreuzwegbilder sind keine »historischen Bilddokumente« vom Leidensweg Jesu, allenfalls »Storys«, die von uns ausgelegt werden sollen. Die ergänzten Collagen sind eine solche Auslegung. Welches Bild haben wir von Jesus? Wie würden wir ihn malen? Diesen Fragen wollen wir nun nachgehen.

1. Station: Jesus wird zum Tod verurteilt

Bildbetrachtung

(ggf. Impulskarten vorbereiten)

- Was siehst du?
- Was erzählt dir das Bild?
- Was geht dir dazu durch den Kopf?

Lesung (Mk 15,9–15): Jesus vor Pilatus

Pilatus fragte sie: Wollt ihr, dass ich den König der Juden freilasse? Er merkte nämlich, dass die Hohenpriester nur aus Neid Jesus an ihn ausgeliefert hatten. Die Hohenpriester aber wiegelten die Menge auf, lieber die Freilassung des Barabbas zu fordern. Pilatus wandte sich von neuem an sie und fragte: Was soll ich dann mit dem tun, den ihr den König der Juden nennt? Da schrien sie: Kreuzige ihn! Pilatus entgegnete: Was hat er denn für ein Verbrechen begangen? Sie schrien noch lauter: Kreuzige ihn! Darauf ließ Pilatus, um die Menge zufrieden zu stellen, Barabbas frei und gab den Befehl, Jesus zu geißeln und zu kreuzigen.

Zusammenfassung

Wir haben uns auf ein Bild von Jesus eingelassen. Wir haben gehört, was dazu geschrieben steht. Wir haben ihn so in einem schweren Augenblick seines Lebens ein Stück begleitet: Jesus wurde vor Gericht gestellt und der Gotteslästerung beschuldigt. Darauf stand die Todesstrafe. Niemand glaubte ihm vor Gericht, dass er Gottes Sohn ist. Sie hielten ihn für einen selbst ernannten Propheten, einen Schwätzer und Scharlatan oder gar für einen gefährlichen Aufrührer. Die Machthaber fühlten sich bedroht und forderten sein Leben. Und Pilatus lieferte Jesus dem Kreuzestod aus. Für Jesus und seine Freunde brach die Welt zusammen: Die Welt ist nicht gerecht. Damals ebenso wenig wie heute.

(Ggf. wird ein alter Tonkrug auf einem ausgelegten Teppich/Tuch zerschlagen oder ein Korb mit Tonscherben bereitgestellt.)

Aktualisierung

Ein kleines Bildelement aus einer Illustrierten soll das alte Kreuzwegbild in die Gegenwart holen: Ein Mann, ein Schauspieler in der Tageszeitung zeigt auf uns *(linkes Bild nach Foto in Lüdenscheider Nachrichten [LN] vom 19. 06. 2013: Theater-Gruppe in der Schlesinger-Fabrik; rechtes Bild nach Foto in LN vom 23. 08. 2013)*. Reiht er sich ein in die Menschenmenge, die »Kreuzige ihn!« rief – oder zeigt der Finger anklagend auf uns als Betrachter, die stumm bleiben angesichts der täglichen Ungerechtigkeit überall in der Welt? Es verändern sich unsere Wahrnehmung der Veruteilung Jesu und unser Gespür für unsere Veranwortung heute.

(ggf. Impulskarten vorbereiten!)

- Was siehst du?
- Was geht dir dazu durch den Kopf?
- Findest du eine andere aktuelle Situation dazu?

Collage

Gestaltungsphase (optional)

Wir suchen nach aktuellen Zeitungsnotizen.

Liedruf: *(nach der Melodie von TG 108 wie Eingangslied)*

Ermordet die einen und die andern leben,
und wir andern leben und wir leben nicht schlecht!
Kyrie, Kyrie eleison: Herr, guter Gott, erbarme dich! *(zweimal)*

Hören wir dazu einen Liedtext: Mein Kind sing (Juliette Greco)

Siehe Internet: www.golyr.de/juliette-greco/songtext-mein-kind-sing-mon-fils-chante-695676.html

Teil B: Jugend

Besinnung

Scherbengericht nannte man im Altertum das Urteil über einen Angeklagten, bei dem das Volk auf Tonscherben die Entscheidung über dessen Wohl und Wehe zum Ausdruck brachte. Wenn wir die Scherbe betrachten, dann denken wir daran:

- Menschen kämpfen auch heute noch für Gerechtigkeit und werden dafür verfolgt, gefoltert oder sogar ermordet wie Jesus damals.
- Denken wir auch darüber nach, wo in unserem Leben etwas zu Bruch ging, weil andere uns abstempelten, sich ein falsches Urteil über uns bildeten oder niemand uns glauben wollte.
- Erinnern wir uns auch, wo wir mit dem Finger auf andere gezeigt haben oder über andere ein Scherbengericht veranstalteten, Falsches über sie verbreiteten, jemanden, der uns unbequem war, zum Opfer machten. »Mobbing« sagt man heute dazu.

Legen wir eine Scherbe zur Kreuzwegstation Jesu. Jeder darf dabei einen Gedanken laut sagen oder ihn still Jesus anvertrauen: ein Beispiel, eine Sorge, einen Wunsch, eine Bitte, einen Dank.

Dazu legt jetzt jeder, bei größerer Teilnehmerzahl stellvertretend einzelne, eine Scherbe als Zeichen für ein Scherbengericht im eigenen Leben vor dem Stationsbild ab und sagt ggf. dazu einen Gedanken.

Gebet

Jesus, du unser Bruder! Wie bei einem Scherbengericht wurdest du zum Tod am Kreuz verurteilt. Wir glauben, dass du unschuldig warst. Wir glauben, dass du die ganze Wahrheit gesagt hast. Du bist für uns ein ganz besonderer Mensch! Auch wenn dich alle verkannt, verspottet und verurteilt haben, auch wenn du selbst heute noch vielen verdächtig und unbequem bist – wir glauben dir. Weil wir sehen, wie du das ungerechte Urteil zum Tod am Kreuz wehrlos angenommen hast. Du bist für uns das lebendige Wort Gottes – des Gottes, der die Gerechtigkeit ist. Amen.

Lied: Sonne der Gerechtigkeit (GL 481)

2. Station: Jesus nimmt das Kreuz auf seine Schultern

Bildbetrachtung

(Impulskarten s. o.)

Lesung (nach Mk 15,16–20): Jesus in der Gewalt der Soldaten

Die Soldaten führten ihn in den Palast hinein, das heißt in das Prätorium, und riefen die ganze Kohorte zusammen. Dann legten sie ihm einen Purpurmantel um und flochten einen Dornenkranz; den setzten sie ihm auf und grüßten ihn: Heil dir, König der Juden! Sie schlugen ihm mit einem Stock auf den Kopf und spuckten ihn an, knieten vor ihm nieder und huldigten ihm. Nachdem sie so ihren Spott mit ihm getrieben hatten, nahmen sie ihm den Purpurmantel ab und zogen ihm seine eigenen Kleider wieder an. Dann führten sie Jesus hinaus, um ihn zu kreuzigen.

Zusammenfassung

Wir haben das Bild von Jesus gesehen, als er das Kreuz trägt. Wir haben gehört, wie sehr er verhöhnt wurde. Man wollte ihn fertigmachen. So steht es in der Leidensgeschichte der Bibel geschrieben. Schon der erste Schritt seines letzten Wegs zum Kreuz geht uns sehr nahe: Jesus nahm damals das schwere Kreuz wortlos an, ließ es sich auf die Schultern laden und schleppte es auf den Berg Golgota. Für Jesus und seine Freunde nahm das Schicksal unaufhaltsam seinen Lauf. Wir denken dabei an die, die auch heute einen schweren Weg vor sich haben. Was kommt auf uns selbst wohl zu?

Eine Reproduktion des Bildes und ein massives Holzkreuz aus rohen Balken werden in der Kreismitte oder auf der Altarstufe ausgestellt. Der Leiter/die Leiterin richtet das Kreuz jetzt neben sich auf.

Aktualisierung

Ein Mann trägt einen schweren Sack auf seiner Schulter. Das Bild aus der Zeitung zeigte einen somalischen Flüchtling *(Foto in dpa/LN vom 20. 6. 2013)*.

Er trägt seine letzte Habe, einen Sack Weizen. Weltweit hat die Zahl flüchtender Menschen dramatisch zugenommen. Die Bildunterschrift lautete: »Massenhafte Opfer von Krieg und Armut: UN meldet alarmierende Zahlen.« Jesus ist also nur einer von vielen Abertausend Menschen, die ihr Kreuz auf sich nehmen und ertragen müssen, ohne sich dagegen wehren zu können.

(Impulskarten s. o.)

Collage

Gestaltungsphase *(optional)*

Wir suchen nach aktuellen Zeitungsnotizen.

Liedruf: *(nach der Melodie TG 108 wie eingangs)*

Ermordet die einen und die andern leben,
und wir andern leben und wir leben nicht schlecht!
Kyrie, Kyrie eleison: Herr, guter Gott, erbarme dich! *(zweimal)*

Lied: Die Antwort weiß ganz allein der Wind (TG 685)

Siehe Internet: www.juliane-werding.de/songtexte/die_antwort_weiss_ganz_allein_der_wind.htm

Besinnung

Das Kreuz war ein grausames Folterinstrument. Die Verurteilten mussten den Kreuzesbalken meist selbst zur Hinrichtungsstelle tragen, wie es von Jesus berichtet wird. Wenn wir das Kreuz sehen, dann denken wir daran:

- Menschen müssen auch heute ein schweres Schicksal annehmen, weil eine böse Nachricht sie ereilt, eine tödliche Krankheit sie trifft oder weil sie eine schwierige Entscheidung zu treffen haben.
- Aber denken wir auch darüber nach, wo wir selbst ein schweres Schicksal auferlegt bekamen, ohne uns dagegen wehren zu können.
- Vielleicht erinnern wir uns auch an Augenblicke, in denen wir anderen einen schweren Weg zugemutet haben oder ihnen Lasten aufbürdeten, die sie dann unsretwegen auf sich genommen haben.

Versuchen wir dieses Kreuz zu heben. Man sieht und spürt, wie schwer es ist. Wer es anheben möchte, darf dabei einen Gedanken laut sagen oder ihn still Jesus anvertrauen: ein Beispiel, eine Sorge oder einen Wunsch, eine Bitte oder einen Dank.

Dazu darf jetzt jeder (oder einer stellvertretend für alle) das Holzkreuz (ggf. Baumstammabschnitt) einmal anheben und einen Gedanken sagen oder schweigend die Schwere des Holzes spüren.

Gebet

Jesus, du unser Bruder! Du hast das schwere Schicksal wehrlos angenommen und das Kreuz auf dich genommen. Du hast den letzten Weg in den Tod im Vertrauen auf Gottes Wort angetreten. Du bist so selbst der Weg zu Gott, der für uns der letzte Ausweg, die letzte Hoffnung ist. Sind wir auch bereit, für einen anderen Menschen Lasten auf uns zu nehmen? Dein Vorbild bestärkt uns: Wer sein Kreuz nicht auf sich nimmt und mir nachfolgt, ist meiner nicht wert, hast du gesagt. Das sind starke Worte! Gib uns die Kraft, unser Kreuz zu tragen.

Lied: Geh mit uns auf unserm Weg (TG 724)

3. Station: Jesus fällt zum ersten Mal unter dem Kreuz

Bildbetrachtung

(Impulskarten s. o.)

Lesung (nach Ps 86, 1–2.11.14.16.17b): Erhöre mich

Wende dein Ohr mir zu, erhöre mich, Herr! /
Denn ich bin arm und gebeugt.
Beschütze mich, denn ich bin dir ergeben! /
Hilf deinem Knecht, der dir vertraut!
Weise mir, Herr, deinen Weg; /
ich will ihn gehen in Treue zu dir.
Richte mein Herz darauf hin, /
allein deinen Namen zu fürchten!
Gott, freche Menschen haben sich gegen mich erhoben, /
die Rotte der Gewalttäter trachtet mir nach dem Leben; /
doch dich haben sie nicht vor Augen.
Wende dich mir zu und sei mir gnädig, /
gib deinem Knecht wieder Kraft / und hilf dem Sohn deiner Magd!
Alle, die mich hassen, sollen es sehen und sich schämen, /
weil du, Herr, mich gerettet und getröstet hast.

Zusammenfassung

Wir haben gesehen, wie schwer das Kreuz drückt, und im Psalm gehört, welche Gebetsworte Jesus wohl über die Lippen kamen. Wir haben mit angesehen, wie er litt: Wo waren alle seine Freunde? Niemand war da, der ihm helfen konnte. Sie machten ihm den Weg in den Tod besonders schwer. Sie wollten ihm seinen Glauben vor aller Augen austreiben. Warum legt man einem Menschen, der sich für eine bessere Welt starkmacht, so schwere Steine in den Weg? Das bekommen auch heute noch Menschen zu spüren, die ihr Leben einsetzen für die Unterdrückten, Schwachen, am Boden Liegenden.

Eine Reproduktion des Bildes und ein Stein als Symbol werden auf die Stufen bzw. in die Mitte gelegt. Jeder nimmt sich aus einem bereitgestellten Stapel einen Stein und legt ihn ggf. später zum Bild der Kreuzwegstation.

Aktualisierung

Wie nah kommt uns der Kreuzweg Jesu, wenn wir ein Bild eines Menschen aus unseren Tagen dort einfügen? Es zeigt einen dunkelhäutigen, von Narben gezeichneten jungen Mann. Er hält ein in Folien verpacktes Kreuz vor sein Gesicht. Es war das Titelbild eines Magazins der Süddeutschen Zeitung *(Nr. 29 vom 19. Juli 2013)*: »Und niemand sieht hin!« Der preisgekrönte Reporter Michael Obert und der Fotograf Moises Saman haben das Bild von ihrer Reise auf der Halbinsel Sinai mitgebracht, wo sie das Leid von ungezählten, gefolterten afrikanischen Flüchtlingen in Ägypten recherchierten und dokumentierten. Sie werden von Beduinen entführt, gequält, verkauft, um Lösegeld zu erpressen – von den Ärmsten der Armen. »Erkundungen in einer Welt, die jede Menschlichkeit verloren hat«, so konnte es jeder in Deutschland auf der Titelseite lesen.

Collage

Gestaltungsphase (optional)

Wir suchen nach aktuellen Zeitungsnotizen.

Liedruf: *(nach der Melodie TG 108 wie eingangs)*

Gefallen die einen und die andern leben,
und wir andern leben und wir leben nicht schlecht!
Kyrie, Kyrie eleison: Herr, guter Gott, erbarme dich! *(zweimal)*

Hören wir dazu einen Liedtext: Fallen (Die Toten Hosen)

Siehe Internet: www.songtextemania.com/fallen_songtext_die_toten_hosen.html

Besinnung

Tragen wir die Merkmale und Eigenschaften eines Steines zusammen: Wie können Steine sein? Schwer, scharfkantig, kalt, hart. Wenn wir unseren Stein in der Hand betrachten, dann überlegen wir:

- Was kann einem Menschen das Leben schwer, kantig, kalt oder hart machen?

- Denken wir auch darüber nach, was uns schwerfällt in unserem Leben, was wir unerträglich finden oder welche Belastungen wir am liebsten abwerfen möchten.

- Vielleicht erinnern wir uns auch an eine Situation, in der wir anderen einen Stein in den Weg gelegt oder ihnen das Leben schwer gemacht haben.

Legen wir diesen Stein zur Wegstation Jesu. Jeder darf dabei einen Gedanken sagen oder ihn beim Ablegen des Steins still Jesus anvertrauen: ein Beispiel, eine Sorge, einen Wunsch, eine Bitte, einen Dank, den er oder sie mit diesem Stein verbindet.

Dazu legt jetzt jeder seinen Stein als Zeichen für eine Belastung oder eine Erschwernis im eigenen Leben oder im Umfeld mit einem kurzen Satz oder schweigend vor dem Stationsbild ab.

Gebet

Jesus, du unser Bruder! Niedergedrückt haben wir dich unter dem Kreuz liegen sehen. Wir haben nachgedacht darüber, was uns das Leben schwer macht oder womit wir selbst andere belastet haben. Du bist für uns zum Eckstein geworden, den die Bauleute verwarfen. Du hast dich nicht unterkriegen lassen, sondern bist wieder aufgestanden und deinen Weg weitergegangen, auch wenn er dich in den Tod führte. Du bist für uns das starke Wort Gottes, das Kraft schenkt, gerade wenn uns etwas in die Knie zwingen will.

Lied: Gottes Wort ist wie Licht in der Nacht (TG 706)

4. Station: Jesus begegnet seiner Mutter

Bildbetrachtung

(Impulskarten s. o.)

Lesung (Joh 19,25–27): Die Frauen am Kreuz

Bei dem Kreuz Jesu standen aber seine Mutter und die Schwester seiner Mutter, Maria, die Frau des Klopas, und Maria von Magdala. Als Jesus seine Mutter sah und bei ihr den Jünger, den er liebte, sagte er zu seiner Mutter: Frau, siehe, dein Sohn! Dann sagt er zu dem Jünger: Siehe, deine Mutter! Und von jener Stunde an nahm sie der Jünger zu sich.

Zusammenfassung

Wir haben Maria, die Mutter Jesu, am Rande des Kreuzweges gesehen. Wie schwer muss es für eine Mutter sein, ihrem geliebten Sohn in einer solchen Situation zu begegnen? Sie hat immer an ihren Sohn geglaubt. Sie war sicher, dass Gott Großes mit ihm vorhatte, und ahnte dennoch, dass sein Weg kein leichter sein würde.

Die Nähe der Mutter macht Mut, richtet auf und schenkt Trost. Besonders in der Not, auch wenn das Leid ihr selbst das Herz durchbohrt. So geht es Müttern und Vätern auch heute, die um ihre Kinder bangen.

Eine Marienfigur wird in der Kreismitte oder auf der Altarstufe sichtbar ausgestellt. Eine Vase mit Rosen steht bereit, aus der sich jeder eine nehmen kann.

Aktualisierung

Wie nah kommen uns die Personen im Kreuzwegbild, wenn wir es um eine Personengruppe aus der Tagespresse erweitern *(Foto in dpa/LN vom 25. Juli 2013)*! »Den Terrorismus beenden«, so fordert die Headline der Zeitung. Die Collage zeigt einen jungen Mann, der bei einem Bombenanschlag in der Stadt Dahqaliya im Nildelta Ägyptens verwundet worden ist. Daneben sehen wir wahrscheinlich die Mutter des Opfers. Wie sich die Bilder gleichen! Auch, Maria, die Mutter Jesu, musste mit ansehen, wie ihr Sohn Opfer von Gewalt wurde.

Collage

Gestaltungsphase (optional)

Wir suchen nach aktuellen Zeitungsnotizen.

Liedruf: *(nach der Melodie TG 108)*

Verzweifelt die einen und die andern leben,
und wir andern leben und wir leben nicht schlecht!
Kyrie, Kyrie eleison: Herr, guter Gott, erbarme dich! *(zweimal)*

Hören wir dazu einen Liedtext: Mama (Brings)

Siehe Internet: www.songtexte.com/songtext/brings/mama-wir-danken-dir-bf59156.html

Besinnung

Liebende schenken sich Rosen, seit jeher. Am Muttertag wird manchmal die Mutter mit einer Rose überrascht. Was ist es wohl, was die Rosen zum Symbol der Liebe macht? Sie sind schön, wertvoll und einzigartig! Sie brauchen viel Pflege und Zuwendung! Doch, was ist mit den Dornen? Was sagen sie über die Liebe? Als Dornenhecke schützen die Rosen gegen Eindringlinge – sie werden so zum Zeichen für Behutsamkeit und Aufmerksamkeit im Umgang miteinander.

- Liebe hat auch etwas mit Hingabe, Verletzlichkeit und manchmal sogar mit Wunden zu tun. Wo haben wir unsere Mutter vermisst oder besonders gebraucht?
- Denken wir darüber nach, von wem wir beschenkt wurden mit Rosen der Liebe: mit einem tröstenden Wort, einer helfenden Hand, einem ermutigenden Blick oder einer herzlichen Umarmung.
- Und wo haben wir Rosen des Dankes oder der Liebe verschenkt? Wer wartet vielleicht noch auf ein solches Zeichen unserer Liebe und Fürsorge?

Legen wir diese Rose jetzt zur Kreuzwegstation. Jeder darf dabei einen Gedanken sagen oder ihn beim Ablegen der Rose still Jesus anvertrauen: ein Beispiel, eine Sorge, einen Wunsch, eine Bitte, einen Dank.

Die Rosen werden mit einem kurzen Gedanken oder schweigend vor dem Stationsbild oder dem Marienaltar abgelegt.

Gebet

Jesus, du unser Bruder! Viele Menschen säumten spottend deinen letzten Weg. Doch da gab es auch eine Frau voller Mitleid am Weg: deine Mutter Maria. Sie stand dir in allen entscheidenden Stunden zur Seite und sagte dir: Gott lässt dich nicht allein! Du wirst ewig in meinem Herzen leben, denn die Liebe hört niemals auf, weil sie von Gott kommt und uns zu ihm hinführt. So möchte ich wie Maria glauben: Du bist das lebendige Wort Gottes – des Gottes, der die Liebe ist. Amen.

Lied: Liebe ist nicht nur ein Wort (TG 2)

5. Station: Simon von Zyrene hilft Jesus das Kreuz tragen

Bildbetrachtung

(Impulskarten s. o.)

Lesung (Mk 15,21–22): Simon von Zyrene

Einen Mann, der gerade vom Feld kam, Simon von Zyrene, den Vater des Alexander und des Rufus, zwangen sie, sein Kreuz zu tragen. Und sie brachten Jesus an einen Ort namens Golgota, das heißt übersetzt: Schädelhöhe.

Zusammenfassung

Wir haben gehört, wie sie den Simon zwangen, Jesus das Kreuz tragen zu helfen. Keiner der Freunde Jesu konnte ihm sonst helfen. Wo waren sie eigentlich alle geblieben?

Hatten sie sich verkrochen aus Angst, selbst gefangen genommen zu werden? Konnten sie nicht mit ansehen, wie ihr Herr und Meister so gedemütigt wurde? Sie hatten doch so hohe Erwartungen in ihn gesetzt und daran geglaubt, dass er der Retter Israels sei.

Zeigte sich Gottes helfende Hand jetzt nur noch in Simon von Zyrene, der Jesus helfen musste, das Kreuz weiterzutragen?

Eine Reproduktion des Bildes wird auf der Altarstufe ausgestellt. Der Leiter/die Leiterin legt Arbeitshandschuhe dazu.

Aktualisierung

In Comics und Filmen tauchen oft Superhelden auf – wie hier in »Man of Steel« *(Foto in dpa/LN vom 20.6.2013: Warner Brothers)*. Männer, die alles können. Helfer in jeder Lage und Not. Leider sind solche Nothelfer in der Wirklichkeit selten zur Stelle. Das musste auch Jesus erfahren, als er allein den letzten Weg auf sich nahm und die Last des Kreuzes zu schwer geworden war. Alle seine Jünger und Freunde waren auf und davon. Selbst Petrus.

Collage

Gestaltungsphase (optional)

Wir suchen nach aktuellen Zeitungsnotizen.

Liedruf:

Geknechtet die einen und die andern leben,
und wir andern leben und wir leben nicht schlecht!
Kyrie, Kyrie eleison: Herr, guter Gott, erbarme dich! *(zweimal)*

Hören wir dazu einen Liedtext: Allein (Reinhard Mey)

Siehe Internet: www.lyricsmode.com/lyrics/r/reinhard_mey/allein.html

Besinnung

In diesen Handschuh gehört eine starke Hand, eine Hand, die zupacken, anpacken, stützen und tragen kann. So eine Hand fand Jesus in Simon, als er am Boden lag und nicht weiterkonnte.

- Wo finden sich heute helfende Hände, die zupacken, wenn jemand in Not ist, bei Unfällen, Katastrophen und in vielen Alltagskrisen, wo Menschen allein nicht mehr weiterkommen?
- Wo hat sich mir eine rettende Hand entgegengestreckt, wer hat mir wieder auf die Beine geholfen, als ich allein oder gar in Not war?

- Wann konnte ich schon einmal einem Menschen die Hand reichen, der meine Hilfe brauchte? Wem habe ich sie vielleicht auch verweigert oder nur gezwungenermaßen gegeben?

Legen wir diese Handschuhe zur Wegstation Jesu. Nacheinander darf jeder und jede beim An- oder Abziehen eines Handschuhs einen Gedanken sagen oder ihn still Jesus anvertrauen: ein Beispiel, eine Sorge, einen Wunsch, eine Bitte, einen Dank an eine helfende oder fürsorgende Hand.

Im kleinen Kreis wird der Handschuh als Sprechstein durch die Bankreihen gereicht und jeder kann einen Gedanken beitragen, bevor er vor dem Bild abgelegt wird.

Gebet

Jesus, du unser Bruder! Simon von Zyrene half dir wieder auf die Beine und trug das Kreuz mit dir. Viele helfende, bergende, rettende Hände sind nötig, überall in der Welt. Auch unsere, auch meine Hände sollten nicht nur im Schoß liegen. Reiß uns aus der Rolle des neugierigen Zuschauers vor dem Fernseher heraus. Lass uns Hand in Hand tatkräftig an deiner neuen Erde, deinem neuen Himmel mitbauen, wo einer die Last des anderen zu tragen bereit ist. Wir glauben: Durch dich bekam Gottes Wort auch für uns Hand und Fuß. Amen.

Lied: Jedem gibst du deine Hände (TG 853)

6. Station: Veronika reicht Jesus das Schweißtuch

Bildbetrachtung

(Impulskarten s. o.)

Geschichte

Die Begegnung mit Veronika steht so nicht in der Bibel. Vielmehr stammt sie aus der Legende um ein nach dem Tod Jesu verehrtes Tuch, auf dem ein Bild von einem mit Dornen gekrönten Haupt zu sehen ist. Ist es das wahre Bild Jesu? Die Legende erzählt von der Begegnung Veronikas mit Jesus auf seinem letzten Weg zum Kreuz. Von Mitleid erfüllt reichte sie Jesus ein Leinentuch, damit er sich Erleichterung verschaffen und sich das blutige, verschwitzte Gesicht abwischen konnte. Im Tuch sei ein Gesichtsabdruck von ihm zurückgeblieben: das Schweißtuch der Veronika. Der Name Veronika kommt von *vera icon* und heißt übersetzt »wahres Bild«. Wir wissen nicht, ob das Tuch der Veronika im Petersdom wirklich echt ist. Doch es steht fest, dass das Tuch seit vielen Jahrhunderten verehrt wird. So ist es in jedem Fall ein wertvoller Beleg des Glaubens der frühen Christen an den Auferstandenen.

Zusammenfassung

Wir haben von einem Abbild von Jesus auf dem Schweißtuch der Veronika gehört. Es zeigt, wie wichtig es Menschen war, eine Erinnerung an Jesus zu haben. Welches Bild haben sie sich gemacht?

Eine Reproduktion des Bildes wird für alle sichtbar ausgelegt. Der Leiter/die Leiterin breitet ein weißes Tuch gut sichtbar auf dem Boden aus und bittet später um Beiträge zur Frage: Welches Bild haben wir von Jesus?

Aktualisierung

Wer sammelt nicht gerne Bilder und Andenken von großen Stars? Veronika jedenfalls bewahrte sich ihr Bild von Jesus. Trägst du vielleicht auch ein Erinnerungsbild von ihm – vielleicht als kleines Kreuz am Halskettchen? Die Collage ist entstanden nach dem Bild einer Künstlerin, die Kreuze in Serien herstellt, so stand es in der Kirchenzeitung. Kreuze haben inflationär ihren eigentlichen Wert verloren, sind zum Massenprodukt geworden. Wer achtet es überhaupt noch? Und welche Erinnerungen verknüpfen wir mit einem Kreuz? Ist es ein Lebenszeichen von Jesus oder Liebeszeichen? Berührt sie uns noch, die Leidenschaft und Passion Jesu? Und welches Bild hast du von ihm?

Collage

Gestaltungsphase (optional)

Wir suchen nach aktuellen Zeitungsnotizen.

Liedruf:

Barmherzig die einen und die andern leben,
und wir andern leben und wir leben nicht schlecht!
Kyrie, Kyrie eleison: Herr, guter Gott, erbarme dich! *(zweimal)*

Hören wir dazu einen Liedtext: Teil von mir (Silbermond)

Siehe Internet: www.azlyrics.com/lyrics/silbermond/teilvonmir.html

Besinnung

Wie sieht unser Bild von Jesus aus? Kann es mir die Angst und den Zweifel nehmen? Lassen wir uns durch das weiße Tuch dazu anregen, uns an Jesus zu erinnern.

- Welches Bild haben wir von Jesus? Wie stellen wir ihn uns vor? Was wissen wir aus der Bibel von ihm? Welches Bild entsteht vor unserem inneren Auge auf diesem Tuch?

- Wer hat mir mein Bild von Jesus vermittelt? Wer hat mir von ihm erzählt? Wie kann ich mehr über ihn erfahren?

- Es gibt verschiede Jesusbilder: der Rabbi, der Prophet, der Heiler, der

Revolutionär. Welches Bild von ihm ist für mich glaubwürdig und wertvoll? Welches Bild von Jesus ist mir am wichtigsten?

Legen wir dieses innere Bild von Jesus zur Wegstation. Jeder darf dabei einen Gedanken sagen, der ihm beim Nachdenken über sein Jesusbild vor Augen stand.

Gebet

Jesus, du unser Bruder! Gerne hätten wir ein echtes Bild von dir. Doch das Bild, das wir von dir in uns tragen, ist wertvoller, wahrer und wichtiger: das Bild eines Menschen, der wie keiner vorher oder nachher von Gott beseelt und überzeugt war. Du bist das lebendige Wort Gottes, von dem wir uns kein Bild machen können, weil sein wahres Bild alle menschlichen Vorstellungen übersteigt. Amen.

Lied: Wo ist denn Gott (TG 850)

7. Station: Jesus fällt zum zweiten Mal unter dem Kreuz

Bildbetrachtung

(Impulskarten s. o.)

Lesung (Ps 69,2–4.18–21.30): Hilferuf eines unschuldig Verfolgten

Hilf mir, o Herr, schon reicht mir das Wasser bis an die Kehle. Ich bin in tiefem Schlamm versunken und habe keinen Halt mehr. Ich geriet in tiefes Wasser, die Strömung reißt mich fort. Ich bin müde vom Rufen, meine Kehle ist heiser, während ich warte auf meinen Gott. Verbirg nicht dein Gesicht vor deinem Knecht, denn mir ist angst. Erhöre mich bald! Sei mir nah und erlöse mich, meinen Feinden zum Trotz! Du kennst meine Schmach und meine Schande. Dir stehen meine Widersacher alle vor Augen. Die Schande bricht mir das Herz, ganz krank bin ich vor Schmach; umsonst habe ich auf Mitleid gewartet, auf einen Tröster, doch ich habe keinen gefunden. Ich aber bin elend und voller Schmerzen. Doch deine Hilfe, o Gott, wird mich erhöhen.

Zusammenfassung

Wir sehen, wie Jesus zum zweiten Mal fällt. Wir sehen nicht allein zu. Jesus wird umringt von Soldaten und Schaulustigen, die ihren Spott mit ihm treiben.

Eine Reproduktion des Bildes wird in der Kreismitte oder auf der Altarstufe sichtbar ausgestellt. Eine Maske (Bild) wird herumgereicht als Inbegriff der Verzweiflung und als Ausdruck des Schmerzes.

Aktualisierung

Man muss schon genau hinschauen, um zu erkennen, was in dieses Kreuzwegbild hinein collagiert wurde. Ganz unten rechts hat sich ein kleiner Reporter mit einem Mikrofon auf Antwortsuche begeben. Welche Fragen wird er wohl wem stellen? Und wie könnten die Antworten lauten? Welche Fragen stellt uns das Bild? Mich lässt es fragen, warum wir heutzutage so wenig Notiz nehmen vom Leid anderer, obwohl wir – wie nie eine Generation vor uns – von überall in der Welt via Fernsehen, Internnet oder Presse von Menschen hören und sehen, die zusammenbrechen unter der Lebenslast? Wie dicht liegen die Leiderfahrungen Jesu bei denen von Menschen heute?

Collage

Gestaltungsphase (optional)

Wir suchen nach aktuellen Zeitungsnotizen.

Liedruf:

Am Boden die einen und die andern leben,
und wir andern leben und wir leben nicht schlecht!
Kyrie, Kyrie eleison: Herr, guter Gott, erbarme dich! *(zweimal)*

Wir hören dazu einen Liedtext: Blut und Tränen (Eisbrecher)

Siehe Internet: www.songtexte.com/songtext/eisbrecher/blut-und-tranen-53cca3bd.html

Besinnung

Die Menschen waren damals nicht besser als die vielen sensationsgierigen Leute heute, die gleichgültig vor den Bildschirmen von Not und Elend in der Welt erfahren oder andere sogar verlachen, wenn sie am Boden liegen und nicht mehr weiterkönnen.

- Manche Menschen haben ihren Spaß daran, andere zu erniedrigen und ihre Macht über sie auszuspielen, auch über Menschen, die sich für ihren Glauben an das Gute einsetzen.

- Wenn wir jemanden hämisch lachen sehen, denken wir an Augenblicke, in denen Menschen gedemütigt wurden und darunter litten. Wer hielt noch zu ihnen und half ihnen wieder auf die Beine?

- Wir denken auch darüber nach, wo wir selbst jemanden verachtet oder ausgelacht haben; wo wir das Gefühl ausgekostet haben, Sieger zu sein, Macht zu haben über einen anderen.

Wir wollen die Maske einmal durchgeben und dann zur Wegstation Jesu legen. Jeder darf dabei einen Gedanken sagen oder ihn still Jesus anvertrauen: ein Beispiel, eine Sorge, einen Wunsch, eine Bitte, einen Dank.

Eine Maske (oder Maskenbild) wird im Kreis herumgereicht und dann zum Stationsbild gelegt.

Gebet

Jesus, du unser Bruder! Du »Opfer« hört man heutzutage oft als abwertenden Ausdruck für jemanden, der sich nicht ausreichend zur Wehr setzt, wenn ihm Unrecht widerfährt. Jesus, du bist gedemütigt worden, weil es dir nicht um Macht und Ansehen, sondern um Gottes Willen ging. Du bist unter der Last zum zweiten Mal zusammengebrochen und bist von den Umstehenden verspottet worden. Sie wollten dich zum Schweigen bringen. Doch du bist für uns das lebendige Wort Gottes – des Gottes, der die Liebe ist und stärker als alle Gewalt. Amen.

Lied: Wo Menschen sich vergessen (TG 790)

8. Station: Jesus begegnet den weinenden Frauen

Bildbetrachtung

(Impulskarten s. o.)

Lesung (Lk 23,27–31): Jesus tröstet die weinenden Frauen

Es folgte eine große Menschenmenge, darunter auch Frauen, die um ihn klagten und weinten.
Jesus wandte sich zu ihnen um und sagte: Ihr Frauen von Jerusalem, weint nicht über mich; weint über euch und eure Kinder! Denn es kommen Tage, da wird man sagen: Wohl den Frauen, die unfruchtbar sind, die nicht geboren und nicht gestillt haben. Dann wird man zu den Bergen sagen: Fallt auf uns!, und zu den Hügeln: Deckt uns zu! Denn wenn das mit dem grünen Holz geschieht, was wird dann erst mit dem dürren werden?

Zusammenfassung

Nicht nur Spötter standen am Wegesrand. Es gab auch viel Mitleid und Betroffenheit. Da sehen wir eine Gruppe von Frauen am Weg. Wir kennen ihre Namen nicht, wir hören nur von ihren Tränen. Was mag sie bewegt haben? Was spüren Menschen, die ohnmächtig mit ansehen müssen, wie andere gepeinigt und gequält werden? Jesus bemerkt ihr Wehklagen und wendet sich ihnen zu. Doch was sagt er ihnen? Für mich könnt ihr nichts mehr tun, aber denkt daran, dass ihr eure Zukunft und die eurer Kinder nicht verspielt.

Sprechblasen könnten ausgelegt werden, in die hinein jeder Worte Jesu schreibt. Was sagt Jesus zu den Frauen?

Aktualisierung

Das Kreuzwegbild, auf dem Jesus mit den weinenden Frauen spricht, erinnert uns auf den ersten Blick an viele Pressefotos: Eine große Persönlichkeit badet in der Menge und spricht mit Menschen am Wegesrand. Doch anders als auf den Pressefotos geht es hier nicht um eine prominente Person, die gefeiert wird – sondern Jesus geht den Weg in den Tod *(Foto in dpa/LN vom 20.06.2013)*. Die Frauen, die Jesus anspricht, sind nicht als Schaulustige gekommen, um aufs Bild zu kommen, sondern aus Mitleid mit dem Schicksal Jesu. Die Worte, die Jesus für sie findet, geben zu denken – auch uns heute?

Collage

Gestaltungsphase (optional)

Wir suchen nach aktuellen Zeitungsnotizen.

Liedruf:

Untröstlich die einen und die andern leben,
und wir andern leben und wir leben nicht schlecht!
Kyrie, Kyrie eleison: Herr, guter Gott, erbarme dich! *(zweimal)*

Die Sprechblasen (s. o.) werden ggf. ausgelegt.

Wir hören dazu einen Liedtext: Stille Tränen (Staubkind)

Siehe Internet: www.songtexte.com/songtext/staubkind/stille-tranen-2bdcccd6.html

Besinnung

Jesus wusste, dass die Menschen sich nach Erlösung und Heil sehnen. Deshalb wandte sich Jesus den Menschen zu, er liebte sie und riskierte für sie sein Leben. In ihm zeigte Gott seine Liebe und Treue zu uns Menschen.

- Wenn wir Nachrichten sehen, treten uns bei manchen Meldungen Tränen in die Augen: Terroranschläge, Katastrophen, hungernde Kinder, Krieg, Umweltschäden, Klimakatastrophen. Wer löst unsere Probleme? Wer befreit uns von der ständigen Angst? Wer erlöst uns von all dem Bösen?

- Oft ist uns zum Weinen: Wenn wir versagt haben, wenn wir Leid erdulden müssen und schwere Stunden durchstehen, wenn Mitleid uns überwältigt oder Ängste uns nicht schlafen lassen.

- Wie können wir andere trösten? Wie können wir anderen Mut machen, zu entdecken dass das Leben sehr wertvoll und einmalig schön ist? Wie stärken wir uns gegenseitig im Glauben an das Gute und an eine glückliche Zukunft?

Legen wir die Sprechblasen zur Wegstation Jesu. Jeder darf dazu einen eigenen Gedanken sagen oder ihn still Jesus anvertrauen: ein Beispiel, eine Sorge, einen Wunsch, eine Bitte, einen Dank.

Gebet

Jesus, du unser Bruder! Du hast dich den klagenden Frauen am Wegesrand zugewandt. Du hast Worte der Mahnung und des Trostes für sie gefunden. Du willst auch unsere Tränen trocknen. Du hast uns ein für allemal befreit und erlöst von der beklemmenden Sorge vor der Zukunft. Du bist für uns das lebendige Wort Gottes – des Gottes, der Zukunft und Hoffnung ist.

Lied: Gott hat ein Wort für dich (TG 173)

9. Station: Jesus fällt zum dritten Mal unter dem Kreuz

Bildbetrachtung

(Impulskarten s. o.)

Lesung (Ps 142, 2–7): Höre mein Gebet

Mit lauter Stimme schrei ich zum Herrn, laut flehe ich zum Herrn um Gnade. Ich schütte vor ihm meine Klagen aus, eröffne ihm meine Not. Wenn auch mein Geist in mir verzagt, du kennst meinen Pfad. Auf dem Weg, den ich gehe, legten sie mir Schlingen. Ich blicke nach rechts und schaue aus, doch niemand ist da, der mich beachtet. Mir ist jede Zuflucht genommen, niemand fragt nach meinem Leben. Herr, ich schreie zu dir, ich sage: Meine Zuflucht bist du, mein Anteil im Land der Lebenden. Vernimm doch mein Flehen; denn ich bin arm und elend. Meinen Verfolgern entreiß mich; sie sind viel stärker als ich.

Zusammenfassung

Wir sehen, wie Jesus zum dritten Mal unter dem Kreuz fällt. Das zeigt uns, wie verzweifelt seine Situation ist. Wie mag es in seinem Inneren ausgesehen haben? Wir können es uns nicht vorstellen. Aber nicht nur für ihn ist es die dunkelste Stunde in seinem Leben: Wer glaubt noch einem gescheiterten, am Boden zerstörten Jesus? Viele, die auf ihn gesetzt hatten, lassen ihn enttäuscht fallen: Ausgeträumt sind manche Träume, die er in den Menschen geweckt hatte. Der Kreuzweg wird erst von der Auferstehung her zu verstehen sein. In diesem Augenblick jedoch herrschen Todesangst und Verzweiflung.

Eine Reproduktion des Bildes wird in die Kreismitte oder auf die Altarstufe gelegt. Auf Schuhkartons oder weiße Bausteine können Klagen und Sorgen gemalt und geschrieben und zu einer Klagemauer aufgestellt werden.

Aktualisierung

Drei Personen werden in das Bild gesetzt. Sie sind nur von hinten zu sehen, aber der Fotoapparat verrät, was sie vorhaben. Schaulustige gibt es in vielen Situationen. Wo Menschen leiden, schauen andere sensationsgierig zu. Je mehr Brutalität und sensationelle Horrorszenen in einem Krimi vorkommen, umso unterhaltsamer ist es für manche. Computerspiele reizen uns besonders, wenn Menschen gejagt und vernichtend getroffen werden. Voyeure sterben nicht aus. Haben Medien nichts Besseres zu bieten? Machen wir das mit?

Collage

Gestaltungsphase (optional)

Wir suchen nach aktuellen Zeitungsnotizen.

Liedruf:

Zerbrochen die einen und die andern leben,
und wir andern leben und wir leben nicht schlecht!

Kyrie, Kyrie eleison: Herr, guter Gott, erbarme dich! *(zweimal)*

Hören wir dazu einen Liedtext: Über sieben Brücken musst du gehen (Peter Maffey)

Siehe Internet: www.songtextemania.com/Uber_7_brucken_musst_du_gehn_songtext_peter_maffay.html

Besinnung

Jesus fällt zum dritten Mal zu Boden. Er kann nicht mehr weiter. Sein Körper versagt ihm den Dienst. Nichts geht mehr. Schwer wie Beton lastet das Kreuz auf seinen Schultern, unüberwindlich liegt der Weg vor ihm. Jesus kannte die Gebete seiner Väter – in Klagepsalmen mag er zu Gott gebetet haben. In der Bibel finden Menschen auch heute tröstliche Worte, wenn schweres Leid sie zu Boden drückt:

- Bilder steigen in uns auf von Menschen, die am Boden zerstört sind: von Krankheit gezeichnet, von Terroristen entführt, von Soldaten gefoltert, von Drogen verführt oder von Arbeit zerschunden.

- Manchmal sind wir selbst am Boden zerstört: Ich kann nicht mehr, ich will nicht mehr! Wir haben den Glauben an uns selbst verloren, weil andere uns unsere Träume zerstörten, uns den Mut nahmen oder uns kleinkriegen wollten.

- Es gibt aber auch Situationen, da bauen wir Mauern aus Vorurteilen und Abneigungen gegen andere auf. Wir beleidigen mit Worten, sodass andere ihr Selbstvertrauen verlieren und Angst vor uns bekommen. Welche Bausteine aus Worten kennt ihr, die trennen oder zerstören?

Die beschrifteten Bausteine oder Schuhkartons werden jetzt zu einer Brücke umgebaut. Erst werden »Brückenpfeiler« aufgestapelt, dann wird ein Brett darübergelegt. Auf weitere Bausteine können Trostsymbole gemalt oder tröstliche Psalmworte geschrieben und auf das Brett gelegt werden.

Gebet

Jesus, du unser Bruder! Du bist an deine Grenzen gestoßen auf dem Weg zum Kreuz. Übermächtig waren die Last und die Strapazen. Woher kam deine Kraft, trotzdem ein drittes Mal aufzustehen und den Weg in den

Tod weiterzugehen? Selbst im Angesicht des Todes hast du Gott vertraut. Gib uns Anteil an deinem Gottvertrauen. Amen.

Lied: Steh mit mir auf (TG 468)

10. Station: Jesus wird seiner Kleider beraubt

Bildbetrachtung

(Impulskarten s. o.)

Lesung (Joh 19,23–24): Sie nehmen Jesus die Kleidung weg

Nachdem die Soldaten Jesus ans Kreuz geschlagen hatten, nahmen sie seine Kleider und machten vier Teile daraus, für jeden Soldaten einen. Sie nahmen auch sein Untergewand, das von oben her ganz durchgewebt und ohne Naht war. Sie sagten zueinander: Wir wollen es nicht zerteilen, sondern darum losen, wem es gehören soll. So sollte sich das Schriftwort erfüllen: Sie verteilten meine Kleider unter sich und warfen das Los um mein Gewand. Dies führten die Soldaten aus.

Zusammenfassung

Hier müssen wir mit ansehen, wie Soldaten Jesus die Kleidung vom Leib reißen. So sehr demütigen sie ihn. Sie stellen ihn vor allen bloß, rauben ihm die letzte menschliche Würde und verspotten ihn. Warum müssen sich Menschen immer wieder Opfer suchen, an denen sie ihre Wut auslassen können – damals wie heute?

Eine Reproduktion des Bildes wird in der Kreismitte oder auf der Altarstufe sichtbar ausgelegt.
Der Leiter/die Leiterin hat ein weißes Tuch mitgebracht, breitet es aus und bittet die Teilnehmer, sich herumzustellen und es gemeinsam festzuhalten. Dann wird es in die Kreismitte gelegt.

Aktualisierung

Auch heute werden Menschen ihrer Würde beraubt. Andere empfinden Schadenfreude oder beobachten das Geschehen als Voyeure aus der Distanz. Das Paar auf dem Bild stammt aus einer Werbeanzeige für Kreuzfahrten. Der kleine Junge unten rechts eifert seinem großen Vorbild nach, Nelson Mandela *(Foto in dpa/LN vom 18.7.13)*. Wie er erhebt er Einspruch gegen die Verhältnisse in seinem Land, gegen Demütigung, Ausbeutung und Verletzung der Menschenwürde.

Collage

Gestaltungsphase (optional)

Wir suchen nach aktuellen Zeitungsnotizen.

Liedruf:

Entwürdigt die einen und die andern leben,
und wir andern leben und wir leben nicht schlecht!
Kyrie, Kyrie eleison: Herr, guter Gott, erbarme dich! *(zweimal)*

Wir hören dazu einen Liedtext: Angst (VisaVie)

Siehe Internet: www.magistrix.de/lyrics/VisaVie/Angst-1052149.html

Besinnung

Auf Bildern in Kinderbibeln kennen wir Jesus als den Mann mit dem weißen Gewand. Das Untergewand Jesu bestand aus einem durchgewebten Stoff. Die Soldaten wollten es nicht auseinanderschneiden und losten aus, wem es gehören solle. Wenn wir das weiße Gewand sehen, dann denken wir daran:

- Dass auch heute Menschen in der Welt bloßgestellt und aller Rechte beraubt werden. Auch Kinder werden nicht verschont vor Übergriffen.

- Auch wir schämen uns, wenn wir uns bloßgestellt und ungeschützt den Blicken anderer ausgesetzt fühlen.

- Vielleicht erinnern wir uns auch an Augenblicke, in denen wir jemanden in Verlegenheit gebracht oder sogar gedemütigt haben.

Legen wir dieses Kleid zur Wegstation Jesu. Jeder darf dabei einen Gedanken sagen oder ihn still Jesus anvertrauen: ein Beispiel, eine Sorge, einen Wunsch, eine Bitte, einen Dank.

Dazu legen wir das weiße Tuch über ein Kreuz.

Gebet

Jesus, du unser Bruder! Am Ende des schweren Weges haben sie dir die letzte Würde genommen, dir die Kleider vom Leib gerissen und dich bloßgestellt vor aller Augen. Warum demütigen Menschen andere und können dabei noch unverschämt lachen? Gott will nicht, dass der Mensch Opfer des Menschen wird. Du bist für uns das lebendige Wort Gottes – des Gottes, der Barmherzigkeit will. Amen.

Lied: Wenn die Welt euch verlacht (TG 761)

11. Station: Jesus wird an das Kreuz geschlagen

Bildbetrachtung

(Impulskarten s. o.)

Lesung (Mt 27, 38–44): Die Kreuzigung

Zusammen mit ihm wurden zwei Räuber gekreuzigt, der eine rechts von ihm, der andere links. Die Leute, die vorbeikamen, verhöhnten ihn, schüttelten den Kopf und riefen: Du willst den Tempel niederreißen und in drei

Tagen wieder aufbauen? Wenn du Gottes Sohn bist, hilf dir selbst, und steig herab vom Kreuz! Auch die Hohenpriester, die Schriftgelehrten und die Ältesten verhöhnten ihn und sagten: Anderen hat er geholfen, sich selbst kann er nicht helfen. Er ist doch der König von Israel! Er soll vom Kreuz herabsteigen, dann werden wir an ihn glauben. Er hat auf Gott vertraut: der soll ihn jetzt retten, wenn er an ihm Gefallen hat; er hat doch gesagt: Ich bin Gottes Sohn. Ebenso beschimpften ihn die beiden Räuber, die man zusammen mit ihm gekreuzigt hatte.

Zusammenfassung

Wir haben uns schon daran gewöhnt, Jesus am Kreuz dargestellt zu sehen: ob auf Bildern oder als kleines Schmuckstück. Aber es erschreckt uns, wenn wir sehen, wie Jesus angenagelt wird. Was für ein Schmerz muss das sein! Wie können Menschen so grausam sein? Im Fernsehen sehen wir immer wieder ähnlich brutale Bilder von Mord und Totschlag. Wir können und dürfen uns nicht daran gewöhnen. Das Bild von Jesus mahnt uns: Die Wirklichkeit ist erschreckend genug und schreit zum Himmel.

Ein Hammer und Nägel werden zurechtgelegt.

Aktualisierung

Wie viele Menschen wurden und werden Opfer von Terror und Gewalt, von Krankheiten oder Katastrophen. Auch Kinder werden nicht davon verschont. In einer Spaßgesellschaft werden wir schnell blind und taub für die Nöte der Mitmenschen. Das Kreuz soll uns aufmerksam machen, wo wir gebraucht werden. Es will uns mahnen, Jesu Botschaft der Barmherzigkeit in die Tat umzusetzen.

Collage

Gestaltungsphase (optional)

Wir suchen nach aktuellen Zeitungsnotizen.

Liedruf:

Gekreuzigt die einen und die andern leben,
und wir andern leben und wir leben nicht schlecht!
Kyrie, Kyrie eleison: Herr, guter Gott, erbarme dich! *(zweimal)*

Der bereitgelegte Hammer und Nägel können dazu genutzt werden, Zeitungsberichte und Bilder, eventuell auch selbst geschriebene Zettel, an einen Kreuzesbalken zu nageln.

Wir hören dazu einen Liedtext: »Wenn ich nur noch einen Tag zu leben hätte« (Basis)

Siehe Internet: www.nomorelyrics.net/de/basis/895-wenn_ich_nur_noch_einen_tag_zu_leben_hatte-songtexte.html

Besinnung

Sie machten kurzen Prozess mit Jesus und schlugen ihn ans Kreuz, weil er den Mächtigen gefährlich wurde. Das ist bis heute nicht anders geworden: Willst du den Charakter eines Menschen erkennen, so gib ihm Macht, so sagte einmal ein berühmter Mann. Machtmissbrauch und brutale Gewaltanwendung liegen dicht beieinander. Wie schnell wird zugeschlagen! Manche Actionfilme weiden sich an Gewaltszenen und Gemetzel. Doch welche Probleme in der Welt lassen sich wirklich mit Gewalt lösen?

- Welche Erfahrungen habt ihr mit Gewalt in der Schule oder sonst im Alltag gemacht?
- Wenn wir selbst Opfer von Gewalt werden, spüren wir erst unsere Hilflosigkeit und Ohnmacht. Da stellt dir einer ein Bein, droht mit der Faust, schlägt grundlos zu oder boxt dich mitten ins Gesicht.
- Wo werden auch wir vom Opfer zum Täter? Nicht immer mit körperlicher Gewalt, dafür mit bösen Worten oder durch eine Heimtücke.

Wer will, darf einen Nagel ins Kreuz schlagen, dazu vielleicht einen Gedanken sagen oder ihn beim Hämmern still Jesus anvertrauen: ein Beispiel, eine Sorge, einen Wunsch, eine Bitte, einen Dank.

Die Teilnehmer können jetzt einen Nagel ins Kreuz schlagen und mit einem eigenen Gedanken verbinden.

Gebet

Jesus, du unser Bruder! Sie haben dich aufs Kreuz gelegt und festgenagelt. So brutal waren die Soldaten. Das war damals nicht anders als heute: Menschen werden immer wieder Opfer von Aggression und Gewalt. Auch dich traf es hart und gnadenlos. So schaltete man dich kurzerhand aus. Jesus, du wurdest Opfer der Gewalt. Aber du hast deine Sache nicht aufgegeben. Du verlässt dich auf Menschen, die dir nachfolgen. Du brauchst auch unsere Hände und Füße, damit das Reich Gottes unter uns Gestalt annehmen kann. Amen.

Lied: Wo Menschen sich vergessen (TG 790)

12. Station: Jesus stribt am Kreuz

Bildbetrachtung

(Impulskarten s. o.)

Lesung (Lk 23,44–49): Jesus stirbt

Es war etwa um die sechste Stunde, als eine Finsternis über das ganze Land hereinbrach. Sie dauerte bis zur neunten Stunde. Die Sonne verdunkelte sich. Der Vorhang im Tempel riss mitten entzwei, und Jesus rief laut: Vater, in deine Hände lege ich meinen Geist. Nach diesen Worten hauchte er den Geist aus. Als der Hauptmann sah, was geschehen war, pries er Gott und sagte: Das war wirklich ein gerechter Mensch. Und alle, die zu diesem Schauspiel herbeigeströmt waren und sahen, was sich ereignet hatte, schlugen sich an die Brust und gingen betroffen weg. Alle seine Bekannten aber standen in einiger Entfernung (vom Kreuz), auch die Frauen, die ihm seit der Zeit in Galiläa nachgefolgt waren und die alles mit ansahen.

Zusammenfassung

Jesus, das Licht der Welt, stirbt am Kreuz. Unter dem Kreuz stehen nur noch wenige Menschen: Maria, Johannes und Maria aus Magdala. Bis zuletzt hielt Jesus fest an seinem Glauben an Gott, seinen Vater. Seine letzten Worte verweisen auf das Sterbegebet der Juden, den Psalm 22: Du bist mein Gott – auf dich setzte ich meine letzte Hoffnung.

Die in der Mitte oder auf dem Altar brennende (Oster- oder Jesus-) Kerze wird nun gelöscht. Wir halten eine kurze Stille.

Aktualisierung

Wie oft haben wir das Kreuz schon gesehen, in Kirchen, am Wegesrand oder wo auch immer. Jesus hängt im Todeskampf am Kreuz, Maria und Johannes stehen machtlos darunter. Wie wirkt es, wenn junge Menschen von heute sich unter das Kreuz stellen, wie eine Gruppe auf dem Weltjugendtag in Brasilien, *(Foto in der Zeitschrift »Ruhrwort« des Bistums Essen vom*

27.7.13: Weltjugendtag in Brasilien)? Wie wirkt es, wenn wir uns selbst dazustellen?

Collage

Gestaltungsphase (optional)

Wir suchen nach aktuellen Zeitungsnotizen.

Liedruf:

Ermordet die einen und die andern leben,
und wir andern leben und wir leben nicht schlecht!
Kyrie, Kyrie eleison: Herr, guter Gott, erbarme dich! *(zweimal)*

Eine Reproduktion des Bildes wird in der Kreismitte oder auf der Altarstufe sichtbar aufgestellt und die erloschene Kerze dazugestellt.

Wir hören dazu einen Liedtext: »Wenn es einen Gott gibt« (Celina & Sido)

Siehe Internet: www.lyrix.at/de/text_show/29a921677de509ecfb1370 daa38e5050-Sido_-_Wenn_Es_Einen_Gott_Gibt

Besinnung

Die Kerze verweist uns auf Jesus, das Licht der Welt. Mit ihm nahm Gottes Reich seinen Anfang. Unter dem Lichterbaum haben wir an Weihnachten gefeiert, dass Jesus zur Welt kam und das Wort Gottes lebendig wurde. Das Reich Gottes nahm mit Jesus Gestalt an. Wenn wir den jetzt erloschenen Docht betrachten, gehen uns Gedanken durch den Kopf:

- Wofür ist Jesus gestorben? Wofür sind Menschen auch heute bereit, ihr Leben einzusetzen? Wofür lohnt es sich zu leben und wofür zu sterben?
- Was ist anders oder besser geworden auf der Erde, seit Jesus angekommen ist und seitdem es Chrsiten gibt?
- Was kann ich in meinem Leben anders oder besser machen? Wie sollten Christen leben?

Wir beten Psalm 22 gemeinsam im Wechsel, den Sterbepsalm der Juden, den Jesus gebetet hat, als er den Tod vor Augen sah (GL 36).

13. Station: Jesus wird vom Kreuz abgenommen

Bildbetrachtung

(Impulskarten s. o.)

Lesung (Joh 19,38): Kreuzabnahme

Josef aus Arimathäa war ein Jünger Jesu, aber aus Furcht vor den Juden nur heimlich. Er bat Pilatus, den Leichnam Jesu abnehmen zu dürfen, und Pilatus erlaubte es. Also kam er und nahm den Leichnam ab.

Zusammenfassung

Die drei Menschen auf dem Bild haben den Leichnam Jesu vermutlich wortlos vom Kreuz abgenommen. Wer den Tod eines nahestehenden Menschen erlebt hat, kann sich die Gefühle beim Anblick des leblosen Körpers Jesu vorstellen: Schmerz, Verzweiflung, Benommenheit, Leere – Sprachlosigkeit. Der Tod erschreckt auch uns. Viele Fragen gehen uns durch den Kopf. Wie viele Wunden hat der Tod Jesu damals gerissen? Wer hat die Trauernden getröstet?

Eine Reproduktion des Bildes wird in die Kreismitte oder auf die Altarstufe gelegt. Das weiße Tuch liegt auf dem Kreuz. Es wird jetzt vom Kreuz genommen und vor den Altar gelegt. Ein Blumenstrauß steht bereit.

Aktualisierung

Ein kleines Foto kann 2000 Jahre überbrücken: Wie nah kommt uns das Bild von der Kreuzesabnahme Jesu, wenn wir dazu das Foto »Arabischer Frühling« sehen – das Pressefoto des Jahres 2011. Damals wie heute trauern Mütter über den Tod ihres Sohnes. Wir leiden unter dem Anblick von soviel Grausamkeit und sinnloser Gewalt auf der Welt. Warum lassen wir Menschen das zu? Wo finden Mütter und Väter Trost und neue Hoffnung, wenn ihr Ein und Alles tot in ihrem Schoß liegt?

Collage

Gestaltungsphase (optional)

Wir suchen nach aktuellen Zeitungsnotizen.

Liedruf:

Voll Trauer die einen und die andern leben,
und wir andern leben und wir leben nicht schlecht!
Kyrie, Kyrie eleison: Herr, guter Gott, erbarme dich! *(zweimal)*

Wir hören dazu einen Liedtext: Sag mir, wo die Blumen sind (u. a. Pit Seeger; Marlene Dietrich)

Siehe Internet: www.songtexte.com/songtext/marlene-dietrich/sag-mir-wo-die-blumen-sind-3c2595f.html

Besinnung

Jesus ist gestorben. Es bleiben Trauer und die Erinnerung an Jesus. Viele Menschen, die einen lieben Angehörigen verloren haben, gehen in eine Kirche, um zu trauern. Trauer braucht Orte und Zeiten. Auch der Kreuzweg ist eine Möglichkeit, um der Trauer Raum zu geben.

- Welchen Trost finden wir im Alltag? Viele Menschen weichen dem Thema Tod einfach aus. Sie lassen sich ablenken, weil der Umgang mit Tod und Sterben für sie zu schwierig ist.
- Was macht der Gedanke an den Tod mit uns? Wie denkt ihr über das Sterben? Wo ist euch der Tod eines Menschen schon einmal sehr nahe gegangen?
- Wie würdet ihr einen Menschen trösten? Welche Worte kommen wohl an und welche Gesten? Welche Trostworte der Bibel können helfen?

Die Teilnehmer werden aufgefordert, eine Rose (ggf. die vom Leidensweg) aufzunehmen und auf die Albe zu legen mit einem stummen Dank oder einem Trostwort aus der Bibel.

Gebet

Jesus, du unser Bruder! Nur wenige waren es, die dir treu blieben. Sie nahmen den toten Leichnam vom Kreuz und bargen ihn. Es ist sehr schmerzhaft, einen geliebten Menschen zu verlieren. Marias Trauer steht stellvertretend für alle Mütter und Väter, die um ihr Kind trauern müssen. Maria ist der Inbegriff des trauernden Herzens. Lass uns nicht am Tod verzweifeln. Denn du bist für uns das lebendige Wort Gottes – des Gottes, der ewiges Leben schenkt. Amen.

Lied: Wer leben will wie Gott auf dieser Erde (GL 460)

14. Station: Der Leichnam Jesu wird ins Grab gelegt

Bildbetrachtung

(Impulskarten s. o.)

Lesung (Joh 19,41–42): Das Begräbnis

An dem Ort, wo man ihn gekreuzigt hatte, war ein Garten, und in dem Garten war ein neues Grab, in dem noch niemand bestattet worden war. Wegen des Rüsttages der Juden und weil das Grab in der Nähe lag, setzten sie Jesus dort bei.

Zusammenfassung

Jesus wird ins Grab gelegt. Für die Römer und die Mächtigen im Land war der Fall damit erledigt. Jesus ist tot und damit die Gefahr eines Aufstandes in Jerusalem gebannt. Tote können niemandem mehr in die Quere kommen, Tote können nicht mehr mahnen und warnen, Tote können keinen Aufstand mehr anführen. Damit war die Sache Jesu vom Tisch, aus den Schlagzeilen. So glaubten sie. Seinen Anhängern blieb nichts anderes übrig, als Jesus zu Grabe zu tragen. In ein Felsengrab legten sie ihn, fest verschlossen mit einem Stein.

Eine Reproduktion des Bildes wird aufgestellt. Das weiße Tuch wird mit Rosen belegt in der Mitte oder auf / vor dem Altar.

Aktualisierung

Der Leichnam Jesu wurde in ein Leinentuch gewickelt und in ein Felsengrab gelegt, so erzählt es die Schrift. Alle Kulturen und Religionen kennen Rituale, um einen Menschen würdig zu bestatten. Angehörige und Freunde wollen Abschied nehmen und erweisen dem Toten einen letzten Dienst. »Gedenken in Srebrenica« – so hieß die Bildunterschrift unter dem eingefügten Bild aus der Zeitung *(Foto in dpa/LN vom 12.7.13)*. Dort in der ostbosnischen Stadt waren im Juli 1995 bei einem Massaker Tausende Menschen, unter ihnen Jungen und Mädchen, sogar ein nur wenige Stunden altes Baby, ermordet worden. Erst im Jahr 2013 fanden 409

Opfer ihre letzte Ruhe in der Gedenkstätte Potocari vor den Toren der Stadt, nachdem ihre Massengräber gefunden und die Toten exhumiert worden waren.

Collage

Gestaltungsphase (optional)

Wir suchen nach aktuellen Zeitungsnotizen.

Liedruf:

Begraben die einen und die andern leben,
und wir andern leben und wir leben nicht schlecht!
Kyrie, Kyrie eleison: Herr, guter Gott, erbarme dich! *(zweimal)*

Wir hören dazu einen Liedtext: Das will ich sehen (Setlur)

Siehe Internet: www.golyr.de/sabrina-setlur/songtext-das-will-ich-sehen-178063.html

Besinnung

Sie tragen Jesus zu Grabe. Doch wir glauben, dass Gott ihn nicht dem Tod preisgegeben, sondern zu neuem Leben auferweckt hat. Das feiern wir Christen seit zwei Jahrtausenden in der Osternacht als Geheimnis des Glaubens.

- Viele Menschen sagen: Mit dem Tod endet das menschliche Leben. Ein Leben nach dem Tod ist für sie unvorstellbar. Andere Religionen sprechen von Wiedergeburt. Christen glauben, dass das Leben über den Tod siegt und der Mensch bei Gott ewige Geborgenheit finden kann.

- Wir glauben: In der Taufe sind wir mit Jesus auferweckt zu neuem Leben als Kinder Gottes. Wir gehören zu einem Gott, dessen Liebe stärker ist und weiter reicht als alles Leid der Welt, auch über den Tod hinaus.

So legen wir nun das weiße Tuch am Taufbrunnen ab. Das weiße Tuch dient uns als Zeichen unserer Nachfolge als getaufte Christen.

Wir tragen das weiße Tuch zum Taufstein, falten es zusammen und legen es dort ab. Wenn möglich, zünden wir unsere Taufkerzen (oder ein Teelicht) an einer Jesuskerze an, gehen dann den Weg zurück zum Altar und stellen die Lichter im Ausblick auf Ostern ab.

Gebet

Jesus, du unser Bruder! Du bist der Weg, die Wahrheit und das Leben! Du bist für uns gestorben. Du hast Gottes Wort eingelöst, das ewiges Leben verheißt. Das Opfer, das dir abverlangt wurde, will uns ein für alle Mal die Angst vor dem Tod nehmen und uns von allen Zwängen und Mächten des Bösen erlösen. Du bist Licht geworden für die Welt, in deinem Licht dürfen wir als Kinder Gottes leben in alle Ewigkeit. Amen.

Lied: Wir werden leben überleben (TG 695)

Ggf. gemeinsames Vaterunser, Entlassung und Segen als Ausklang.

2. Ideenkiste

Zeitungsbilder

Wie die Bildbeispiele oben zeigen, lassen sich Zeitungsbilder relativ leicht mit Wasserfarben übermalen. Wenn man die Bildvorlage einscannt und mit einem Tintenstrahldrucker farbig auf die gewünschte Größe bringt, lösen sich die Farbpigmente beim Wässern und Übermalen, vermischen sich untereinander und hinterlassen interessante Zufallseffekte wie Schattierungen oder Zwischentöne (Hautkontakt vermeiden!).

Schattenrissfiguren

Dazu sucht man zunächst ein thematisch geeignetes Bild in einer Zeitung aus. Es sollte eine Außenform haben, die markant und doch möglichst einfach auszuscheiden ist. Im Inneren der Figur sollten sich klare Linien und möglichst wenige Details befinden. Dann schneidet man das Bild (oder besser eine vergrößerte Kopie) grob außen herum aus. Mit einem Klebestift wird die ganze Fläche bestrichen und das Bild auf ein schwarzes Tonpapier aufgeklebt. Wenn der Klebstoff getrocknet ist, legt man es auf ein Polster aus Zeitungen oder Pappe. Dann schneidet man mit einem Cutter-Messer oder einer Schneidefeder die Hauptlinien im Inneren behutsam frei. Die Außenlinie lässt sich am Ende mit einer feinen Schere ausschneiden, sodass klare, filigrane Konturen entstehen. Die fertige Schattensilhouette kann man auf helles, auch farbiges Tonpapier als Hintergrund kleben, abfotografieren oder einscannen und sogar mit einem Overhead-Projektor vergrößert projizieren.

Hungertuch

Die Bilder in den Abschnitten Aktualisierung können zu einem Hungertuch zusammenfügt werden. Alle zwei Jahre gestaltet ein Künstler aus einem armen Land im Süden ein Misereor-Hungertuch. Diese Hungertücher können als Vorbild für die eigenen Bearbeitungen herangezogen werden.

Poster

Wenn Teilnehmer zur Vorbereitung der Kreuzwegandacht gemeinsam Bilder gestalten möchten, sichten sie zunächst bereitgelegte Stapel mit Werbeprospekten, Zeitungen oder Illustrierten. Bei Kindern im Grundschulalter sollten vorher geeignete Seiten ausgewählt werden, sonst lenkt die Bilderfülle zu sehr ab. Brauchbar sind vor allem eindeutige Motive, die nach Ähnlichkeit oder Kontrastpotenzial sortiert werden: Überfluss und Armut, Angst und Geborgenheit, Krieg und Frieden, Trost und Leid, Überheblichkeit und Unterwürfigkeit, Opfer und Täter. Besonders gut eignen sich aktuelle Reizthemen und verblendende Werbeslogans. Dann kann jeder Teilnehmer Bilder vorschlagen, die eine möglichst konfrontierende Wirkung haben – Bilder, die helfen, Missstände und unheilvolle Widersprüche in der Gegenwart neu wahrzunehmen. Aus den ausgewählten Bildern wird dann ein Poster gestaltet. Das Poster erhält eine Überschrift, die den inhaltlichen Bezug zum Kreuzweg herstellt. Ein Poster kann als Einladung zum Kreuzweg ausgehängt werden. Dazu werden Zeit und Ort eingetragen und ein einladender Text ergänzt.

Video-Clip

Etwas aufwendiger ist die Erstellung einer Powerpoint-Präsentation oder eines Videoclips zur Vorbereitung einer Kreuzwegmeditation, bei der Zeitungsbilder oder Nachrichten-Spots eingesetzt werden. Hier stößt man allerdings früh an Grenzen des Urheberrechts, vor allem, wenn solche Clips in der Öffentlichkeit gezeigt werden sollen!

Manchmal wirkt es aber auch schon, wenn Nachrichten zu selbst gemalten Bildern (s.o.) vorgelesen werden, zu einem Kreuzwegmotiv gezielt Kurzfilme aus einer Religionspädagogischen Mediothek gezeigt werden oder Fotos zum Thema in der eigenen Umgebung gemacht werden: ein Kriegsdenkmal, ein sozialer Brennpunkt, eine Schmuddelecke. Auch ein Interview mit Menschen, mit denen man alltäglich zu tun hat, kann tief wirken.

Psalmvers-Performance

Zu einem Vers aus Psalm 22 wird kreativ gearbeitet. Dazu druckt man den Psalmtext auf DIN A4-Blätter und Psalmkärtchen und verteilt sie an die Teilnehmer. Der Psalm wird gelesen, vielleicht einmal laut, dann jeder noch einmal leise für sich. Einzeln oder in Partnerarbeit wählt sich dann jeder einen Vers aus, der ihn besonders anspricht und macht ihn sich zu eigen.

Dann werden den Gruppenteilnehmern verschiedene Möglichkeiten zum kreativen Gestalten angeboten: Die einen malen oder zeichnen ein Bild zu ihrem Vers (z. B. abstrakt, besonders farblich nuanciert oder symbolisch). Andere verwenden den Psalmvers als Überschrift und schreiben einen eigenen Text dazu, z. B. einen Brief oder ein Gebet. Andere setzen den Text in einem Standbild oder pantomimischer Darstellung um. Eine Melodie oder ein Rhythmus für eine Sprechmotette oder einen Rap wird wieder von anderen gesucht. Der Psalmvers wird als Frage- und Antwortspiel vorgetragen: Reihum liest jeder seinen Psalmvers laut allen vor: »Ich rufe am Tag, und du hörst nicht.« Der Nachbar wiederholt die Worte dann als Skeptiker im Fragemodus: »Du rufst am Tag, und er hört nicht?« Dann wiederholen alle anderen die Anfangsaussage und setzen ein Ausrufezeichen: »Du rufst am Tag, und er hört nicht!« (Wichtig: Die Passagen sollten zuvor auf ihre Eignung für die jeweilige kreative Arbeitsweise geprüft werden.) Der Psalm kann so lebendig und vergegenwärtigt werden. In einer Abschlussrunde teilen sich die Teilnehmer ihre Erfahrungen und Einsichten mit.

B II: Eigene Vorstellungen entwickeln

1. »Ein Bild gestalten – die Passion Jesu neu begreifen«

Anliegen

Diese Form einer Kreuzwegdarstellung und -betrachtung hat zum Ziel, sich im Austausch miteinander ein Bild vom letzten Weg Jesu zu machen. Die Idee geht von Einzelbildern unterschiedlicher Formate aus, die zwar ursprünglich zu einem Wandbild zusammengesetzt wurden, doch vielfältig untereinander kombinierbar bleiben.

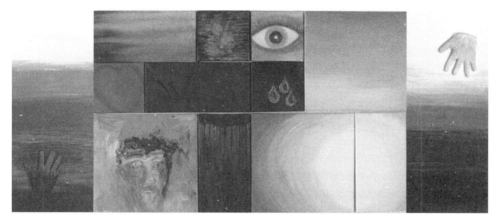

Wandbild: Collage aus Acrylgemälden auf Leinwand, © Wolfgang Gies

Zielgruppe

Der Kreuzweg wendet sich in erster Linie an Jugendliche, die eher eine Distanz zur Passionsfrömmigkeit haben und keine traditionellen Kreuzwegandachten besuchen.

Möglichkeiten

In kleinen Tischgruppen (maximal 4 Teilnehmer) oder in einem Stuhlkreis werden die ggf. mehrfach ausgedruckten Bildelemente neu kombiniert und so ein eigenes, neues Bild geschaffen. Die Deutungsmöglichkeiten der verschiedenen Kombinationen machen dabei den Reiz aus. Statt der traditionellen »einkanaligen Vortragsart« soll ein kommunikativer Prozess in Gang gesetzt werden. Die Bilder sollen zu Gesprächen mit einem breiten Deutungsspektrum anregen. Überraschende Bildkombinationen lassen nach Begründungen fragen, alle individuellen Sichtweisen sind nebeneinander gültig.

Der hier abgedruckte Kreuzweg bildet dabei »den Schrittmacher im Hintergrund« – je nach Gruppe wird der Kreuzweg mehr rezitierend, erinnernd, erzählend oder meditativ mit Gebeten und Gesängen neu verinnerlicht.
Natürlich kann man diesen Kreuzweg auch in der gewohnten Vortragsart durchführen oder in einer Modifikation, wie es die Ideenkiste anregt. Eine Reduktion oder Aufteilung auf mehrere Termine ist sicher anzuraten.

Materialien

Für die zuerst beschriebene Vorgehensweise werden die einzelnen Bildelemente von der CD-ROM ggf. mehrfach ausgedruckt und den Gruppen für ihre eigenen Kombinationen gegeben. Darüber hinaus bietet die Ideenkiste weitere Gestaltungsmöglichkeiten an.
Die traditionellere Vortragsweise verwendet ausgedruckte Folien und den Overhead-Projektor (siehe CD-ROM). Auch eine Powerpoint-Präsentation könnte erstellt werden. Die Teilnehmer werden tendenziell eher zu passiven Zuschauern und Zuhörern. Bei großen Teilnehmergruppen bietet sich diese Form jedoch an.

Ablauf

In der Gruppe wird zunächst der Ablauf erklärt, dann das Material ausgegeben und nach einer ersten Sichtung und Proberunde zur Andacht übergeleitet. Es beginnt mit der Eröffnung. Zu jeder Station gehören eine Beschreibung des Inhaltes der Station, die Bildbetrachtung, ein Gebet und ein Lied. Je nach gewählter Form sind Zeiten zur eigenen Bildgestaltung einzuräumen. Dabei werden jeweils die Betrachtungen vorgetragen und dann Zeit gegeben, zu der jeweiligen Station aus den Bildangeboten ein Mittenbild zu legen und es sich gegenseitig vorzustellen.

Eröffnung

Guter Gott! Wir sind zusammengekommen, um uns an den Leidensweg Jesu zu erinnern. Wir wollen uns ein eigenes Bild machen von seinen letzten Stunden, damit er uns wieder näherkommt. Das ist kein leichtes Vorhaben: Aus unserer reichen, bunten und lauten Welt heraus richten wir den Blick 2000 Jahre zurück auf den Ursprung unseres christlichen Glaubens. Schenk uns deinen Geist beim Austausch unserer Gedanken, Sorgen und Fragen. Öffne uns ein neues Verständnis der Passion. Gib uns Mut, dem schwierigen Thema nicht auszuweichen, es nicht abzulegen wie einen »alten Hut«. Lass uns Kreuz und Auferstehung neu entdecken als das Herzstück unseres christlichen Glaubens.

Lied: An einem Tag vor langer Zeit (TG 612)

1. Station: Wie aus heiterem Himmel?

Eben noch wurde Jesus mit Jubel am Stadttor von Jerusalem empfangen. Hosianna! Hoch lebe der Messias und Retter Israels! Wie auf Wolken wurde er getragen von der Begeisterung derer, die ihn mit Palmzweigen in den Händen erwarteten. Wie einen großen König begrüßten sie ihn – sehr zum Missfallen der Obrigkeiten. Die befürchteten Unruhen und Ausschreitungen zum Paschafest in der Hauptstadt Jerusalem.

Aus heiterem Himmel ist über Nacht die Stimmung umgeschlagen. Dunkle Wolken sind aufgezogen, die nichts Gutes verheißen. Die Soldaten haben Jesus in der Nacht nach dem Letzten Abendmahl am Ölberg gefangen genommen. Judas hatte ihn verraten. Und jetzt wird Jesus wegen Gotteslästerung vor Gericht gestellt. Darauf steht die Todesstrafe. Das Hosianna von gestern ist jäh verstummt, der Jubel der Straße ist in Hass umgeschlagen. Statt »Hosianna« rufen sie jetzt »Kreuzige ihn!« Unheil braut sich zusammen. Am Ende wird er zum Tod am Kreuz verurteilt.

Gebet

Mein Gott! Was war das für eine Welt, in der Menschen öffentlich gefoltert und sogar zum Tod am Kreuz verurteilt werden konnten? Das Menschenbild heute – in unserem Rechtsstaat zumindest – sieht ganz anders aus. Ist es nicht eine Folge des Gottes- und Menschenbildes, das Jesus hatte und von dem er sich auch nicht durch Folter und Tod abbringen ließ? Sicher wurde dieses Menschenbild in unserer Geschichte auch durch bittere Erfahrungen geläutert – z. B. zweier Weltkriege. Heute steht in unserem Grundgesetz: »Die Würde des Menschen ist unantastbar.« »Du bist Kind Gottes!«, so sagt es Jesus uns zu. Ist das nicht das Gleiche? Für Jesus war jeder Mensch so kostbar, dass er für ihn alles in Kauf nahm, sogar den Tod am Kreuz. Jesus, wir danken dir, für dieses Menschenbild eintreten zu können und daran gemessen zu werden.

Lied: Warten auf Gerechtigkeit (TG 875)

2. Station: Den Tod vor Augen

Soldaten peitschen ihn aus, foltern und verhöhnen ihn: »Heil dir, du selbst ernannter Heilsbringer! Du willst unser König sein? Der Messias? Sohn Gottes gar? Dass ich nicht lache! Hier ist die Krone für dich, die du verdient hast für deine Gotteslästerung!«, so lästern sie und drücken ihm eine Krone aus spitzen Dornen auf den Kopf, sodass Blut über sein Gesicht läuft.

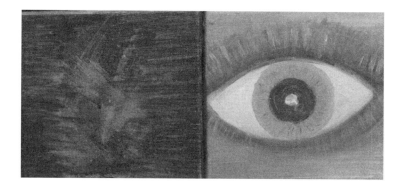

Wie ein Dolchstoß geht es durch seinen Kopf und trifft ins Herz. Jesus hat jetzt den sicheren Tod vor Augen. War alles vergeblich? Er wird Opfer derer, die nicht hören, nicht sehen, nicht wahrhaben wollen, worum es ihm geht. Blind gehorchen die Soldaten ihren Befehlshabern. Für ihren Sold quälen sie einen Menschen. Jesus ist ihnen ohnmächtig ausgeliefert. Er wehrt sich nicht. Er nimmt sein Kreuz auf sich. Jesus verzweifelt nicht an seinem Glauben, auch wenn alles gegen ihn spricht.

Gebet

Mein Gott! Das Bild erinnert uns an Jesu Schmerzen und Demütigungen. Es mahnt uns auch, die Augen offen zu halten für Menschen, die in unserer Umgebung ein schweres Kreuz zu tragen haben. In vielen Ländern der Erde müssen Menschen auch heute unsagbar leiden – wir wollen für sie beten. Gott, lass uns nicht den falschen Herren dienen, sondern dir. Gib auch uns die Kraft, dir treu zu bleiben, wenn das Leben einmal sehr schwer wird.

Lied: Aus der Tiefe (Ps 130; TG 662)

3. Station: Der Himmel stürzt ein

Doch die Last des Kreuzes ist zu schwer für ihn. Schon nach wenigen Schritten bricht Jesus zusammen. Vom Anbruch des Himmelreiches hatte Jesus den Menschen erzählt. Viele waren nicht reif dafür. Jetzt wird ihm die Bosheit einiger Machthaber zum Verhängnis. Aus der Traum vom offenen Himmel für alle? Jetzt scheint der Himmel einzustürzen.

Der Himmel, von dem Jesus immer geträumt und erzählt hat, er bricht jetzt jäh über ihm zusammen. Warum will ihm niemand Glauben schenken? Warum wollen sie nichts mehr hören und sehen vom Reich Gottes, das mit ihm angebrochen ist? Was kommt nun auf ihn zu? Was hat er noch zu erwarten? Kann er diesen letzten Weg durchstehen? Doch Jesus verschließt seine Augen nicht vor seinem Schicksal: »Nicht mein Wille soll geschehen, sondern Gottes Wille«, so hatte er gebetet.

Gebet

Mein Gott! Es gibt Augenblicke, da bricht der Kinderglaube über mir zusammen. Da fällt es mir schwer, an dich zu glauben, an mich zu glauben. Ging es Jesus genauso? Er hat uns nicht den Himmel auf Erden versprochen und auch nicht das Blaue vom Himmel erzählt – sonst läge er jetzt nicht so erschöpft unter dem Kreuz. Dein Wille geschehe, so betete Jesus. Dennoch fällt es mir beim Anblick des Leidens Jesu schwer, Gottes Willen darin zu erkennen. Es ist schwer zu verstehen, warum die Welt durch das Todesleiden Jesu erlöst werden musste. Gott, lass mich deinen Willen erkennen und dein Himmelreich erfahren.

Lied: Wenn der Himmel uns auf den Kopf fällt (TG 788)

4. Station: Welch ein Augenblick

Als er aufschaut, sieht er plötzlich im Gedränge am Wegesrand seine Mutter. Das macht ihm Mut, das gibt ihm Kraft, wieder aufzustehen und auf sie zuzugehen.

Was mag ihm durch den Kopf gegangen sein, als er plötzlich in die Augen seiner Mutter schaute? In die Augen, die seit seiner Kindheit auf ihn achteten, zu denen er aufschauen konnte – Mutteraugen. Da stand ihm seine Mutter gegenüber – die Frau, die ihm das Leben geschenkt und ihn vom ersten Schritt an begleitet hatte. Nun musste sie mit ansehen, wie ihr liebstes Kind in den grausamen Tod geht.

Was mag im Herzen Marias vorgegangen sein, als sie ihren Sohn in dieser schweren Stunde an sich vorbeigehen sah? Soeben noch war er unter dem Kreuz zusammengebrochen vor ihren Augen. Warum tun sie ihm das an? Wieso lässt Gott das zu? Und doch: Zwischen Mutter und Sohn lebt eine Kraft auf, die in all dem Leid einen letzten Sinn zu sehen glaubt. Wie kann sie ihm nur helfen?

Gebet

Mein Gott! Maria, das ist doch die Frau, die wir als Muttergottes verehren. Wie passt das zusammen? »Gegrüßet seist du Maria, voll der Gnade. Der Herr ist mit dir!« – Wie unverständlich klingen diese Zusagen des Engels im Angesicht des Leides? Sie hatte ein Herz für ihren Sohn. Hilf uns zu begreifen, warum es dieses Opfers bedurfte. Deine Liebe, Gott, sie war wohl auch in der Liebe Marias gegenwärtig und für Jesus spürbar. Gib jedem Menschen jemanden zur Seite, der ihn wirkliche Liebe erfahren lässt.

Lied: Wo ein Mensch Vertrauen gibt (TG 705)

5. Station: Von allen verlassen

Jesus kann sich kaum noch auf den Beinen halten, so erzählt es die fünfte Kreuzwegstation. Das sehen auch die Soldaten. Daher zwingen sie einen Mann am Wegesrand, Simon von Zyrene, Jesus zu helfen. Er muss das Kreuz tragen.

Aus den Augen, aus dem Sinn? Kein einziger seiner Freunde ist zu sehen, nicht einmal der sonst so eifrige Simon Petrus, der beste Freund Jesu. Seine Freunde sind aus Angst geflohen, haben ihn schmerzlich im Stich gelassen. Niemand von ihnen ist zur Stelle, um ihm beizustehen. Sie zwingen einen anderen Simon, Simon von Zyrene, Jesus das Kreuz zu tragen. Nur der Fremde Simon nimmt sich ein Herz für Jesus. Er lässt sich darauf ein und trägt nicht nur die Last mit, sondern auch die Schmach des zur Hinrichtung Geführten.

Gebet

Mein Gott! Noch ein zweiter Mensch lässt deine Hand erahnen, die helfende Hand in Simon von Zyrene. »Hände, die sich reichen, erzählen von Gott«, so heißt es in einem Lied. Wo reichst du mir eine Hand? Habe ich einen Blick und ein Gespür dafür, wenn mir jemand deine Hand reicht, wenn ich Hilfe suche? Wem reiche ich die Hand, guter Gott, in deinem Namen? Lass mich die Situationen erkennen, in denen andere meine Hilfe brauchen.

Lied: Er hält das Leben in seiner Hand (TG 973)

6. Station: Sein wahres Gesicht

Und noch jemand hat ein Herz für Jesus: Veronika. Sie reicht dem Todgeweihten liebevoll ein Tuch, damit er sich Blut und Angstschweiß vom Gesicht abwischen und so ein wenig Linderung erfahren kann. So erzählt es die Legende, in der Bibel steht diese Geschichte nicht. Veronika – das ist ein sprechender Name und heißt so viel wie »das wahre Gesicht«.

Jesus bedankt sich dafür, so berichtet es die Legende, indem er sein Abbild auf dem Tuch zurücklässt als ewige Erinnerung. Tiefer noch als im Schweißtuch hat sich das Bild vom leidenden Jesus in den Herzen von Millionen Menschen eingeprägt. Jesus hat Spuren hinterlassen in der Geschichte der Menschheit bis heute. Wer zu Jesus gehört, der trägt sein Bild in sich! Welche Spuren hinterlässt er bei uns?

Gebet

Mein Gott! Das Bild von Jesus habe ich mir als Kind in rosigen Farben gemalt. Hier wirkt es ganz anders auf mich. Dennoch gibt es einen kleinen Lichtblick: das mitleidige Herz Veronikas. Sie hat sich ihr gutes Bild von Jesu bewahrt – trotz alledem. Wie blass ist das Bild von Jesus in mir geworden? Lass mich festhalten an Jesu Bild vom Menschen, seinem Bild von Gott, seinem Bild in mir. Ich will mich nicht ablenken lassen – auch nicht von den vielen Bildern, die jeden Tag über meinen Bildschirm flimmern. Dabei hilf mir, Gott.

Lied: Fürchte dich nicht (TG 693)

7. Station: In die Knie gezwungen

Ein zweites Mal drückt ihn das Kreuz in die Knie. Zu schwer wiegt das Kreuzesholz. Er hat Gottes Wort lebendig werden lassen, seine Liebe allen Menschen gezeigt – jetzt fühlt er sich in seiner Todesangst und Verzweiflung ganz allein!

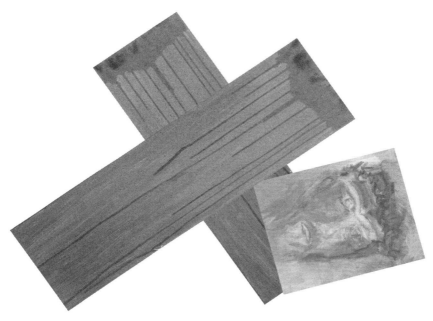

Geht sein Gottesbild mit in die Knie? Jesus, nimmt all seine Kraft zusammen. Ein zweites Mal steht er wieder auf. Er steht zu seiner Vision, zu seinem Glauben an den liebenden Gott, den Ich-bin-da-für-dich.

Gebet

Mein Gott! »Ich bin der, der für dich da ist« – mit diesem Namen hast du dich dem Mose offenbart. In der Bibel hören wir von Überlebenden großer Katastrophen, wie sehr sie sich im unerschütterlichen Vertrauen auf dich durch die größten Krisen haben tragen lassen. Diese existenziellen Erfahrungen sollten uns Mut machen, den Glauben an dich zu bewahren. Ich will mich darauf stützen. Gerade wegen des unendlichen Leids in der Welt will ich an dir festhalten wie an einem rettenden Anker im Meer der Angst. Schenk mir die Kraft dazu.

Lied: Im Meer der Angst

© Text und Musik: Wolfgang Gies

8. Station: Tränen helfen nicht

Eine seltsame Begegnung wird an der achten Station angesprochen. Weinende Frauen, Klageweiber begleiten Jesus auf dem letzten Weg. Nehmen sie wirklich Anteil an seinem Leiden? Oder sind die Tränen nur aufgesetzt? Warum beweinen sie ihn und nicht die Gesellschaft, die es zulässt, dass unschuldige Menschen vorgeführt, geschunden und gekreuzigt werden?

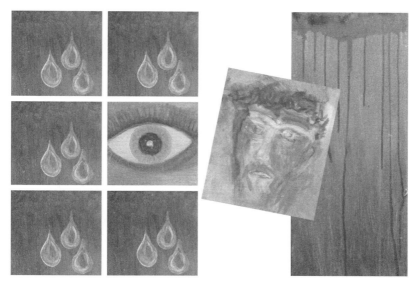

Jesus trösten die Tränen der Klageweiber nicht. Ihn überkommt wieder das Gefühl, von Menschen wie ihnen nicht verstanden worden zu sein. »Weint nicht um mich, sondern um euch und eure Kinder – in einer Gesellschaft, die nicht auf Gottes Wort hören will. Es helfen keine Tränen, wenn ihr einfach so weitermacht wie bisher!«, das sagt Jesus auch uns.

Gebet

Mein Gott! Wenn ich die Nachrichten schaue oder meine nächste Umgebung wahrnehme, macht mich das oft ganz traurig. So viel Elend und Verzweiflung gibt es in der Welt. Menschen suchen Trost und finden ihn nicht. Haben wir denn noch eine Zukunft, frage ich mich manchmal? Mord und Totschlag, Umweltkatastrophen, schwindende Ressourcen – wohin soll das noch führen? Ich fühle mich dann so machtlos! Es hat sich scheinbar so gar nichts geändert durch Jesu Tod. Gott, lass dein Reich jetzt für mich sichtbar anbrechen!

Lied: Menschen auf dem Weg durch die dunkle Nacht (TG 735)

9. Station: Am Ende der Kräfte

Dreimal stürzt Jesus. Dreimal zusammenbrechen, totale Erschöpfung und Niedergeschlagenheit – das ist unvorstellbar! Am dritten Tag – so heißt es später in der Osterbotschaft – stand Jesus auf vom Tod.

Was mag einem Menschen durch den Kopf gehen, der so erschöpft zusammenbricht? Den Kreuzestod vor Augen, die Last des schweren Kreuzesbalkens auf dem Rücken, Schaulustige, Mitleidige und Klageweiber am Wegesrand. »Es geht nicht mehr, ich schaffe das nicht, ich kann nicht mehr weiter.« Noch einmal nimmt Jesus seine letzten Kräfte zusammen und geht seinen Weg bis zum bitteren Ende.

Gebet

Mein Gott! »Wann bricht der Himmel auf, auch für mich?«, so heißt es in einem Song. Manchmal spüre ich, dass alles über mir zusammenbricht, dass mir der Boden unter den Füßen weggezogen wird, dass ich nicht mehr weiter weiß und für immer liegen bleiben möchte. Lass mich Halt finden im Vertrauen auf dich, damit ich wieder auf die Beine komme und meinen Weg finde. Dann bricht der Himmel wieder auf – auch für mich!

Lied: Macht die erschlafften Hände wieder stark (TG 702)

10. Station: Bloßgestellt vor aller Augen

An der Hinrichtungsstelle angekommen, reißen die Soldaten Jesus auch noch die Kleider vom Leibe. Es ist wohl der Lohn für ihren Job. So rauben sie ihm auch noch die letzte Würde.

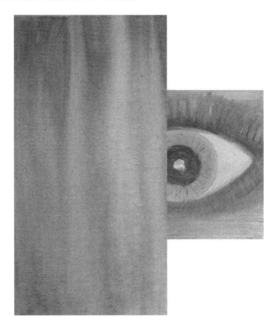

Jesus wird bloßgestellt und den Blicken der Umstehenden ausgesetzt. Welche Schmach und Erniedrigung! Warum nahm Jesus das alles auf sich? Wie konnte er – so erniedrigt – noch glauben, dass der allmächtige Gott auf ihn, den Menschensohn, seine Augen gerichtet hält?

Gebet

Mein Gott! Warum muss man sich so vorführen lassen? Auch Mitschüler können manchmal grausam sein, wenn sie andere kleinmachen und mobben – nur so aus Spaß. Sehen wir dabei zu? Manche machen sogar selbst mit, ohne zu merken, wie weh das dem anderen tut, wenn er plötzlich von allen gemieden oder verhöhnt wird. Wenn im Internet Hetzschriften auftauchen, gegen die man sich nicht wehren kann, ist man ganz unten angekommen. Lass uns nicht vergessen, dass wir alle Brüder und Schwestern sind im Glauben an dich, unsern gemeinsamen Vater.

Lied: Hoffen wider alle Hoffnung (TG 709)

11. Station: Aufs Kreuz gelegt

Eine unvorstellbare Situation: Ein Mensch wird ans Kreuz genagelt. Wie kann man Menschen so quälen? Wie kann es sein, dass Gott seinen geliebten Sohn so leiden lässt? Wie glaubwürdig wirkt Jesu Überzeugung, dass Gott immer für uns da sein will?

Auf diesen Glauben an die Allmacht Gottes und seine Fürsorge für uns Menschen baut Jesu Botschaft auf – ganz und gar. Wofür sonst hat er sein ganzes Leben eingesetzt und sich am Ende aufs Kreuz legen lassen? Aber ohne die Ostererfahrung ist dieses Martyrium nicht zu fassen. Ja, müsste man nicht ohne Osterhoffnung grundsätzlich am Sinn des Lebens zweifeln?

Gebet

Mein Gott! Wenn ich von den Geschwistern Scholl, Maximilian Kolbe, Oscar Romero, Janusz Korczak und all den vielen Frauen und Männern höre, die ihr Leben in die Waagschale geworfen haben für eine bessere Welt, dann merke ich erst, wie anspruchsvoll der Glaube werden kann. Jesus hat sich darauf festnageln lassen, dass du ein Gott der Liebe bist. Er hat sich nicht davon abbringen lassen, auch als es das eigene Leben kostete. Schenke mir wenigstens ein bisschen von diesem Mut.

Lied: Aus der Tiefe meiner Sehnsucht (TG 806)

12. Station: Es ist vollbracht

Darf das denn wahr sein, dass ein Mensch wie Jesus so zugrunde gerichtet und fertiggemacht wird? Was hat er denn Böses getan? Er hat doch – jedenfalls berichten seine Freunde in der Bibel ausführlich darüber – sein ganzes Leben eingesetzt für die Armen und Schwachen, für die, die Sinn suchen im Leben. Warum muss ein solcher Mensch sterben. Hat er die Obrigkeiten so gereizt, ihre Macht hinterfragt?

Um die neunte Stunde kommt es zum Todeskampf am Kreuz. »Mein Gott, warum hast du mich verlassen?«, so betet Jesus den Anfang von Psalm 22, dem Sterbepsalm der Juden. Doch dieser Psalm spricht nicht nur von der Todesverlassenheit, er hat auch tröstliche Verse: »Denn Gott hat nicht verachtet, nicht verabscheut das Elend des Armen. Er verbirgt sein Gesicht nicht vor ihm; er hat auf sein Schreien gehört. Deine Treue preise ich in großer Gemeinde …« In dieser Zuversicht stirbt Jesus am Kreuz.

Gebet

Mein Gott! Bis zum letzten Atemzug hat Jesus an seinem Glauben an Gott, seinen Vater, festgehalten. Ohne die österliche Hoffnung wäre dieser Tod am Kreuz eine Katastrophe. Dann wären alle Visionen Jesu von einem neuen Himmel und einer neuen Erde am Ende. Doch wir haben uns hier heute nach 2000 Jahren wieder versammelt, weil wir von Ostern her auf den Karfreitag schauen. Wir glauben: Du bist ein Gott des Lebens! Erfülle uns mit deinem Lebensgeist.

Lied: Ein neuer Himmel (TG 787)

13. Station: Aus der Traum

Was geht in einer Mutter vor, wenn sie ihren Sohn tot in den Schoß gelegt bekommt? Kein Leid blieb Maria erspart. Nach dem Tod mögen wohl nur Trauer und Leere in ihrem Herzen gewesen sein. Hatte Maria hier schon eine Ahnung, dass mit dem Tod nicht alles zu Ende ist?

Was blieb von allem Hoffen und Bangen? Woher nahm sie den Trost und die Hoffnung, dass all das Leid, das Jesus angetan wurde, einen Sinn haben muss?

Mütter sind es, die den Glauben an Jesus wachhalten und weitertragen. Sie sind es, die uns zuerst von ihm erzählen und uns lehren, zu dir zu beten. Mein Gottvertrauen wurzelt so tief im Urvertrauen des Kindes zur Mutter. Umso schwerer wiegt der Leichnam Jesu im Schoß Marias. Was blieb ihr als Trost? Es muss eine sehr lange Nacht gewesen sein bis zum Ostermorgen.

Gebet

Mein Gott! Deine Liebe ist stärker als der Tod. Es braucht die Osterhoffnung, um zu erkennen, dass Jesus die Welt radikal ändern und mit seinem Geist beseelen kann! Brich in unsere Nacht ein! Tröste uns, wenn wir einen Menschen verlieren, den wir sehr gernhaben. Lass mich an diese Liebe, die von dir ausgeht, glauben – gerade auch in den schweren Stunden des Lebens.

Lied: Meine Zeit steht in deinen Händen (TG 759)

14. Station: Sich begraben lassen

Nur dem anstehenden jüdischen Festtag ist es zu verdanken, dass der Leichnam Jesu nicht am Kreuzesholz verwesen muss, sondern freigegeben wird. Josef von Arimathäa bittet, ihn bestatten zu dürfen, und stellt sein Familiengrab für Jesus zur Verfügung. So legen sie Jesus in ein Felsengrab und rollen einen schweren Stein vor den Eingang zur Höhle.
Der Tod Jesu lähmt die Jünger. Was hatten sie nicht alles erlebt mit diesem Jesus von Nazaret – und erträumt und erhofft für die Zukunft. Und jetzt bleibt nichts außer einem in Leinen gehüllten, leblosen Körper im Grab.

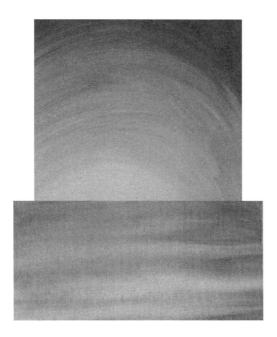

Wie ein Sämann Saatkörner in die Erde bringt, damit daraus neue Früchte wachsen können, so verstand sich Jesus als Weizenkorn, das in die Erde fällt und stirbt, um Frucht zu bringen, reiche Frucht für das Leben der Welt. Gott zeigt in Jesus seine Liebe und Treue zu uns Menschen – eine Liebe, die über den Tod hinausreicht.

Gebet

Mein Gott! Mit dem Himmelreich ist es wie mit einem Senfkorn: winzig klein und doch so groß. So stellte sich Jesus den Himmel vor. Mit Jesus nahm dein Reich einen neuen Anfang. Unaufhaltsam breitete es sich aus und will auch in uns weiter wachsen. Lass es in uns auf guten Boden fallen und groß werden. Du bist uns Sonne und Regen – du schenkst uns alles, was wir zum Wachsen brauchen. Jesus, der uns zum Brot des Lebens wurde, soll uns in Fleisch und Blut übergehen.

Lied: Brot gegen den Tod (TG 197)

15. Station: Stärker als der Tod

Das Grab – es ist leer! So jedenfalls bezeugen es die Freunde Jesu, allen voran die drei Frauen, die am Ostermorgen das Grab besuchen. Jesus ist auferstanden und den Freunden erschienen! So die Osterbotschaft der biblischen Glaubensüberlieferung.

Kaum zu glauben! Doch diese österliche Botschaft geht herum wie ein Lauffeuer. Jesu Geist steckt an und begeistert Generationen vor uns. Der Tod hat nicht das letzte Wort, sondern die Liebe. Gott reicht uns seine Hand! Dafür hat Jesus sein Leben verpfändet und sich aufs Kreuz legen lassen und hat so für uns den Tod überwunden.

Gebet

Mein Gott! Jesus bezeugte es mit seinem Leben und seinem Sterben: Du bist ein Gott der Liebe und deine Liebe hört niemals auf! Das will ich glauben und mich im Leben und Sterben ganz auf dich verlassen. Du hältst zu mir, guter Gott, was auch kommen mag.

Lied: Liebe ist nicht nur ein Wort (TG 2)

2. Ideenkiste

Bodenbild

Die einzelnen Bildmotive werden maßstabsgerecht (1:1) und farbig ausgedruckt. Bei Bedarf werden sie proportional einheitlich vergrößert, zugeschnitten und zur Stabilisierung auf entsprechende Pappen geklebt oder laminiert.

Ausgelegte Bildelemente laden zu Kombinationen ein

So lassen sie sich in der Mitte eines Sitzkreises auslegen, einzeln betrachten und individuell kombinieren von Zweierpaaren bis zu einem großen Bodenbild. Man kann eventuell einige Bildelemente (z. B. Kreuzesstamm oder Tränen) auch mehrfach ausdrucken, um Doppelungen zu ermöglichen oder in mehreren Gruppen parallel arbeiten zu können.

Bilderwahl

Die einzelnen Bildelemente werden im Raum oder in der Mitte ausgelegt. Jeder darf sich ein Element auswählen, das ihn im Blick auf die Passion Jesu besonders anspricht. Dabei ist Partner- oder Kleingruppenarbeit durchaus wünschenswert, sollten sich mehrere für das gleiche Motiv entscheiden. In einer Schweigephase betrachtet jeder nun noch einmal für sich sein Bildmotiv, stellt seine Gedanken dazu anschließend den anderen Teilnehmern mit eigenen deutenden Worten vor. Er begründet seine Auswahl und erklärt dabei, mit welchem Motiv des Kreuzweges Jesu er es verbindet. Eventuell ist es ratsam, eine Übersicht zu den Stationen des Kreuzweges auszulegen oder zuvor einen traditionellen Kreuzweg – etwa in der Kirche – gemeinsam anzuschauen. Dabei werden die Motive erzählend vergegenwärtigt.

Bilderdomino

Gemeinsam überlegen wir, welche Bildelemente zu einzelnen Kreuzwegstationen passen. Dazu legt einer nach dem anderen zunächst ein ausgewähltes Bildelement in der Mitte an, wobei Zusammenhänge hergestellt und Bildkombinationen erprobt werden dürfen. Die Regel sollte sein: Jeder darf, wenn er an der Reihe ist, sein Bild ohne Erklärung anlegen und so die Bildlandschaft in der Kreismitte nach seinem Gutdünken verändern. Es ergeben sich immer wieder neue Assoziationen und Deutungsspektren. Die veränderte Gesamtfigur kann Zustimmung oder Ablehnung hervorrufen – nach mehreren Runden findet darüber ein Meinungsaustausch statt, der nach Möglichkeit zu einem konsensfähigen Gesamtbild führt.

Mögliche Variation

Verortung in der Pfarrkirche

Diese Variante wird mit einem Kirchenbesuch verbunden: Wir legen die Bildelemente im Kirchenschiff aus, um sie dann den einzelnen Kreuzwegstationen zuzuordnen. Man könnte sie auch zuvor auf passende Kartons aufziehen, damit sie aufgestellt oder zu einer Wand vor dem Altar oder unter dem Kreuz aufgestapelt werden können, möglicherweise um eigene Bildelemente bereichert. Abschließend gehen wir die Stationen gemeinsam in Andachtsform ab.

Ergänzungen zu einem Bild

Das ausgewählte Bild (Kopie) wird in die Mitte eines Packpapierbogens gelegt, sodass rundherum eine große Gestaltungsfläche entsteht. Das Bild wird über den Rand hinaus ergänzt. Das können eigene Farbflächen sein, die ggf. mit Texten beschriftet werden, oder es sind Zeichnungen, vielleicht auch konkrete Fotos aus Zeitungen oder Illustrierten. Diese Gestaltung eröffnet neue Deutungen zu dem Kreuzwegmotiv und schlägt so eine Brücke zur eigenen Lebenswelt. Es können unterschiedliche Vorgaben zur Bildgestaltung gemacht werden: Mal wird mit changierenden Farbflächen gearbeitet (z. B. Gelb-Grün-Blau oder Orange-Rot-Braun), mal mit allgemeinen Symbolen (Herz, Auge, Sonne) und dann wieder mit Motiven der Leidensstationen Jesu (Nägel, Blutstropfen, Schweißtuch, Tränen). Auf diese Weise können sowohl rein meditative Farbspiele als auch plakativ deutende oder provozierende Aussagen in der Bildsymbolik entstehen. – Sicher sind auch Kombinationen möglich: Erst wird nachdenklich mit Farben spielend, dann zunehmend aussagekräftige Akzente setzend, aber immer nach spontaner Intuition vorgegangen.

Teil C:
Familien

C I: Andacht halten und aktiv werden

1. »Ein Kreuzweg zwischen Passion und Leidenschaft«

Anliegen

In eindrucksvollen, von Liesel Bellmann aus Holz geschnitzten Stationsbildern aus dem Jahr 1953 wird der Leidensweg Jesu in der Kirche St. Lambertus in Affeln dargestellt: In den Gesichtern spiegeln sich die Gedanken wieder und die Stimmungen der einzelnen Leidensstationen werden eindrucksvoll eingefangen. Diese Bilder sprechen den Betrachter emotional an – das soll in diesem Kreuzweg zu Wort kommen.

Zielgruppe

Dieses Modell wendet sich an altersgemischte Gruppen, besonders an Familien mit kleineren Kindern.

Möglichkeiten

Die Bilder können in Farbe von der CD-ROM mit einem Beamer vergrößert projiziert werden. Für Familien mit Kindern oder andere altersgemischte Gruppen kann im Anschluss an den Kreuzweg eine Aktionsphase durchgeführt werden. Dazu wird ein Raum aufgesucht, in dem die entsprechenden Materialien bereitstehen. Anregungen zum kreativen Gestalten finden sich im Abschnitt Ideenkiste. Sie sind altersdifferenziert entworfen und sollten auf die Erwartungen und die Zusammensetzung der Gruppe abgestimmt werden.
Werden die Bilder des Kreuzwegs im Religionsunterricht eingesetzt, kann das Gebet zunächst in der Schule ausgespart bleiben. Die Lerngruppe schaut sich dann ausgewählte Bilder an und gestaltet dazu im Religionsunterricht oder fächerverbindend im Kunstunterricht jeweils eigene Stationsbilder mit einer der angeregten Bildtechniken. Ausgewählte Schülerarbeiten können in einer späteren Kreuzwegandacht als eigene Stationsbilder eingesetzt werden.

Ablauf

Am Anfang stehen die Begrüßung und ein Eröffnungslied. Zu jeder Station gehören eine Phase der Bildbetrachtung und des Gesprächs – der Zielgruppe entsprechend moderiert. Mit einem Gebet und einem Lied schließt jede Station. An den Kreuzweg kann sich eine Aktionsphase anschließen (s. o.).

Eröffnung

Guter Gott! Wir nehmen uns heute Zeit, den Leidensweg Jesu nachzugehen und uns in die Kreuzwegbilder zu vertiefen. Ein schwerer Weg war es für Jesus. Es macht uns auch heute noch traurig, zu sehen, wie er leiden musste und am Kreuz starb. Wäre da nicht die Ostererfahrung, müssten wir in der Trauer verharren. Ostern werden wir uns freuen, zuvor jedoch wollen wir Jesus auf seinem schweren Weg begleiten. So beginnen wir unsere Andacht im Namen des Vaters, des Sohnes und des Heiligen Geistes.

Lied: Bruder Christus (TG 64) oder: Kreuz auf das ich schaue (GL 270)

1. Station: Jesus wird zum Tod verurteilt

Betrachtung

Je nach Größe der Gruppe werden die Teilnehmer ermuntert, ihre Eindrücke oder Beobachtungen der Gruppe mitzuteilen, oder der Leiter beschreibt, was er sieht.

Darf sich ein Mensch Gottes Sohn nennen? Das war Gotteslästerung. So etwas konnte man sich nicht bieten lassen! Darauf stand die Todesstrafe. Das Volk schreit voll Entrüstung: »Ans Kreuz mit ihm!«

Pilatus gibt den Anklägern nach. Er verurteilt Jesus zum Tod am Kreuz. Und er wäscht seine Hände in Unschuld.

von Liesel Bellmann

Gebet

Jesus! Es macht uns traurig, wenn wir davon hören, dass du zum Tode verurteilt wurdest, weil niemand dir Glauben schenkte. Menschen behandelten dich wie einen Verbrecher. Noch vor Kurzem haben sie dir zugejubelt. Wo sind jetzt alle deine Freunde? Wir haben uns hier versammelt, weil wir an dich glauben. Danke für dieses Geschenk des Glaubens.

Lied: Selig seid ihr (TG 622)

2. Station: Jesus nimmt das schwere Kreuz auf seine Schultern

Betrachtung

von Liesel Bellmann

Soldaten hatten Jesus verspottet. Sie hatten ihm eine Dornenkrone auf den Kopf gesetzt und ihm einen Purpurmantel übergeworfen: Heil dir, du Gottessohn! So demütigten sie ihn.

Jetzt haben sie ihm das schwere Kreuz auf den Rücken geladen. Es sieht riesig aus. Es ist viel zu schwer. Er muss es den Berg hochtragen zur Hinrichtungsstätte.

Gebet

Jesus! Im Glauben an Gott hast du das Kreuz auf dich genommen. Du hast dich nicht gewehrt und bist seinem Wort treu geblieben. Du wolltest damit allen zeigen: »Gott lässt uns nicht im Stich. Er ist da für uns! Er liebt uns wie ein Vater seine Kinder.« Lass uns den Glauben an Gott nicht verlieren, wenn uns Schwierigkeiten zugemutet werden.

Lied: Es gibt jemand (TG 630)

3. Station: Jesus fällt zum ersten Mal unter dem Kreuz

Betrachtung

Der Weg ist so steil, das Kreuz so schwer. Jesus bricht unter der Last zusammen. Woher soll er die Kraft nehmen nach all den schweren Stunden? Die Soldaten gönnen ihm keine Rast. Sie treiben ihn an. Er muss wieder aufstehen und weitergehen.

Gebet

Jesus! Dein Vertrauen in Gott, deinen Vater, wird auf eine harte Probe gestellt. Mit den

von Liesel Bellmann

körperlichen Qualen sollst du innerlich zerbrochen werden. Gott, lass uns dir treu sein, auch wenn man uns Steine in den Weg legt. Lass uns nicht an der Welt verzweifeln, wenn wir immer wieder Menschen leiden sehen, ohne ihnen helfen zu können.

Lied: Aus der Tiefe (TG 662)

4. Station: Jesus begegnet seiner Mutter

Betrachtung

Dann steht sie plötzlich vor ihm, Maria, seine Mutter. Das lässt Jesus das Kreuz einen Augenblick vergessen. Wenn wir in die Gesichter der beiden schauen, dann sehen wir in den Augen große Traurigkeit und Wehmut. Auch seine Mutter kann ihm jetzt nicht mehr helfen. Was möchten sie sich wohl noch sagen beim Abschied?

von Liesel Bellmann

Gebet

Jesus! Deine Mutter war immer für dich da. Sie hat ihr Leben lang an dich geglaubt. Sie war überzeugt: Du warst ein Geschenk, ein Kind Gottes. Großes hatte Gott mit dir vor. Er ist auch in dieser letzten Stunde bei dir! Dafür wollen wir Gott danken! Und wir bitten für alle Mütter, die große Sorgen um ihre Kinder haben.

Lied: Von allen Seiten umgibst du mich (TG 660)

5. Station: Simon von Zyrene hilft Jesus das Kreuz tragen

Betrachtung

Die Soldaten merken, wie schwer es Jesus fällt, weiterzugehen. Da zwingen sie einen Mann, der gerade vom Feld kommt. Er muss mit anpacken und Jesus helfen. Jesus nimmt die Hilfe dankbar an.

von Liesel Bellmann

Gebet

Jesus! Zwei helfende Hände packen zu – Gottes Hände in Menschenhänden, so möchte man glauben. Das schafft etwas Luft und Erleichterung. Lass uns spüren, wo unsere Hände gebraucht werden. Mach uns durch deine Liebe stark und wach dafür, die Not anderer zu sehen. Danke für die Menschen, die an dich glauben, füreinander da sind und einander helfen.

Lied: Kennst du das alte Lied? (TG 681)

6. Station: Veronika reicht Jesus ein Schweißtuch

Betrachtung

Und da kommen noch zwei helfende Hände auf Jesus zu: Veronika reicht ihm ihr Tuch. Damit kann Jesus sich Blut, Schweiß und Tränen aus dem Gesicht und den müden Augen wischen. Dankbar reicht er ihr das Tuch zurück. Der Weg ist noch nicht geschafft.

von Liesel Bellmann

Gebet

Jesus! Veronika hatte ein Herz für dich. Sie hat an dich geglaubt. Du hast ihr ein Bild von dir hinterlassen, das sie sich bewahrte. Jesus, wir kennen viele Geschichten aus deinem Leben. Dadurch haben auch wir ein Bild von dir vor Augen. Wir danken dir für das Gottesbild, das wir durch dich haben. Wir tragen unseren Glauben an dich als Schatz in unserem Herzen. Lass uns ihn ein Leben lang bewahren.

Lied: Zu dir heb ich meine Augen (TG 648; 3. Strophe)

7. Station: Jesus fällt zum zweiten Mal unter dem Kreuz

Betrachtung

Trotz der Hilfe, die Jesus erfährt, fällt er ein zweites Mal hin. Das Kreuz ist schwer und scheint ihn fast zu erdrücken. Der Kopf neigt sich zur Seite, die Augen sind zugefallen vor Müdigkeit und Schwäche. Er weiß, was noch auf ihn zukommt. Auch das drückt ihn zu Boden.

von Liesel Bellmann

Gebet

Jesus! Du hast trotz alledem am Glauben an Gott, deinen Vater, festgehalten. Der Glaube gibt dir die Kraft, wieder aufzustehen und weiterzugehen. Glaube, Hoffnung und Liebe sind stärker als Angst, Leid und Tod. Danke, dass du damit auch uns Mut machst, wenn Zweifel kommen und wenn wir stürzen.

Liedruf: Aus der Tiefe meiner Sehnsucht (TG 806)

8. Station: Jesus begegnet den weinenden Frauen

Betrachtung

Jesus begegnet weinenden Frauen am Wegesrand. Was soll er ihnen sagen? Jesus schaut in den Himmel und denkt: Was wird aus diesen Frauen und ihren Kindern, wenn sie Gott nicht glauben, dass er alles zum Guten führt? Deshalb antwortet er ihnen: Trauert nicht um mich, sondern kümmert euch um euch und um eure Kinder. Vertraut alle Sorgen Gott an und glaubt fest an ihn, dann braucht ihr nicht mehr zu weinen.

von Liesel Bellmann

Gebet

Jesus! Obwohl du es selbst so schwer hattest, konntest du die Frauen trösten. Du gibst ihnen einen Rat, der auch uns weiterhilft. Wenn wir traurig sind, sollen wir alle unsere Sorgen Gott anvertrauen. Er kann uns helfen. Komm, schenk uns deine Zuversicht!

Lied: Wer befreit ist (TG 808)

9. Station: Jesus fällt zum dritten Mal unter dem Kreuz

Betrachtung

Zum dritten Mal stürzt Jesus. Ganz tief fällt er und ist wie unter dem Kreuz begraben. Erschöpft liegt er am Boden mit geschlossenen Augen. Seine Hand sucht einen letzten Halt. Die Soldaten werden ihn weitertreiben. Aber wie soll er nur wieder aufstehen?

Gebet

von Liesel Bellmann

Jesus! Wie die aufgebrochenen Schalen eines Saatkorns sehen die Kreuzesbalken aus. »Wenn das Weizenkorn nicht in die Erde fällt und stirbt, bleibt es allein.« Das waren deine Worte. »Wenn es aber stirbt, geht es auf und bringt reiche Frucht«. Lass auch unser Leben reiche Frucht bringen.

Lied: Die den Himmel in sich tragen (TG 784)

10. Station: Jesus wird seiner Kleider beraubt

Betrachtung

Die Soldaten dürfen die Kleidung als Lohn behalten. Deshalb ziehen sie ihm die Sachen aus und verteilen seine Kleider unter sich. So wird ihm auch die letzte Würde genommen und er wird vor aller Augen bloßgestellt.

Gebet

Jesus! Nichts bleibt dir an Erniedrigung erspart. Sie können dir fast alles nehmen – aber nicht deinen Glauben. Du bist dir treu geblieben und hast nicht aufgegeben. Du glaubst bis zum Schluss: Gott will Recht für alle Entrechteten, Liebe für alle Entmutigten – ein freies, menschenwürdiges Leben als Kinder Gottes. Das finde ich stark! Lass uns so

von Liesel Bellmann

leben und anderen von dir erzählen. Schenk uns dazu die richtigen Worte.

Lied: Die den Himmel in sich tragen (TG 784)

11. Station: Jesus wird ans Kreuz geschlagen

Betrachtung

Soldaten legen Jesus aufs Kreuz und nageln ihn an Händen und Füßen darauf fest. Wie muss das wehtun! Wie können Menschen so grausam sein? Jesus hat schlimme Schmerzen. Er muss viel aushalten. Er richtet den Kopf zum Himmel und betet zu Gott, seinem Vater.

von Liesel Bellmann

Gebet

Jesus! Auch heute fügen Menschen sich gegenseitig viel Leid zu. Immer noch werden unschuldige Menschen getötet. Hilf uns, gut zueinander zu sein, uns nicht gegenseitig zu verletzen oder sogar zu töten. Schenke uns immer neu deinen Frieden.

Lied: Aus der Tiefe rufe ich zu dir (GL 283)

12. Station: Jesus stirbt am Kreuz

Betrachtung

Die Lebenskraft schwindet immer mehr. Jesu Augen sind geschlossen, der Kopf ist zur Seite gesunken. Die am Kreuz ausgebreiteten Arme und Hände sehen nach einer Gebetshaltung aus. Ein letztes Mal spricht Jesus mit Gott, seinem Vater. Dann stirbt er.

Gebet

von Liesel Bellmann

Jesus! »Mein Gott, mein Gott, warum hast du mich verlassen?«, so hast du gebetet. Es sind die Anfangsworte von Psalm 22. Verzweiflung und Glaube waren sicher eng beieinander. Steh uns bei, wenn Angst, Schmerz und Tod unser Leben bedrohen. Sei uns dann ganz nah.

Lied: Wer leben will wie Gott (GL 460)

13. Station: Jesus wird vom Kreuz abgenommen

Betrachtung

Maria sitzt unendlich traurig am Boden und hält ihren toten Sohn im Schoß. Als Zeichen der Trauer hat sie ihr Tuch tief ins Gesicht gezogen. Sie ist den ganzen Weg mit Jesus gegangen. Sie konnte es kaum ertragen, mitanzusehen, wie er litt. Jetzt hält sie ihn im Arm – sie hat ihn verloren, zugleich kann ihn ihr niemand mehr entreißen. Endlich kann ihm niemand mehr wehtun.

von Liesel Bellmann

Gebet

Jesus! Was mit der Geburt in Betlehem seinen Anfang nahm, ist nun vollendet. Jesus, unbegreiflich war dein Kommen in diese Welt, unbegreiflich dein Leben und dein Sterben. Maria, deine Mutter, hat dich nicht immer verstanden, aber sie hat dich liebevoll empfangen und angenommen. Sie blieb dir nahe über den Tod hinaus. Lass uns für dich offen sein, wie sie es war. Tröste alle Menschen, die einen lieben Angehörigen verloren haben.

Lied: Christi Mutter stand mit Schmerzen (GL 532)

14. Station: Der Leichnam Jesu wird ins Grab gelegt

Betrachtung

Im Stall von Betlehem wickelte Maria Jesus als Baby einst in Windeln und legte ihn in eine Krippe – jetzt wickeln sie seinen Leichnam in ein Leinentuch und legen ihn schweren Herzens in ein Grab. Es ist der letzte Liebesdienst, den sie ihm erweisen können.

von Liesel Bellmann

Gebet

Jesus! Wir werden Ostern feiern. Der Glaube an deine Auferstehung gibt uns die Zuversicht, dass jede dunkle Nacht ein Ende hat.

Lied: Wir legen den Samen in die Erde (TG 1)

Es kann sich eine Aktionsphase nach Beispielen aus der Ideenkiste anschließen.

2. Ideenkiste

Zoomen

Ausdrucke des Affelner Kreuzweges werden ausgelegt. Teilmotive, z.B. Augen, Gesichter, Hände, werden vergrößert abgezeichnet. Diejenigen, die sich das nicht zutrauen, erhalten vergrößerte Umrisszeichnungen. Je nach Alter und Neigung können die Teilnehmer zwischen verschiedenen Materialien und Techniken auswählen. Sie werden angeregt, sehr frei und spielerisch an die Gestaltung heranzugehen. Dazu werden möglichst viele Materialien bereitgestellt und das Interesse geweckt, sich etwas zuzutrauen und etwas auszuprobieren. Es könnten folgende Materialien angeboten werden: Blei-, Bunt-, Aquarell und Wachsmalstifte, Tuschefedern und Zeichenkohle, Pastell- und Aquarellkreiden, Wasser-, Plakat-, Abtön-, Aquarell-, Acryl- oder Ölfarben und Pinsel verschiedener Stärken. Als Maluntergrund eigenen sich: Zeichenblätter, rechteckige Gebäck- oder runde Papptortenteller, dunkles Tonpapier, farbiger Plakatkarton, zugeschnittene Holzbrettchen, gerahmte Leinwände. (Bitte beachten: Es wird viel Zeit benötigt! Und bieten Sie nur die Techniken an, die Sie selbst schon praktiziert haben und anleiten können!) Die Bilder können fotografiert oder als Original in der Kirche während der Fastenzeit ausgestellt werden. Es können Kreuzwegbilder für einen Kreuzweg im kommenden Jahr entstehen. Die Fotos könnten zusammen mit den Originalaufnahmen des Affelner Kreuzweges gezeigt werden (evtl. mit Beamer).

Halbrelief in Ton oder Knete

Es kann ein Bild des Kreuzweges als Vorbild dienen oder auch eine dadurch angeregte eigene Idee realisiert werden. Aus Töpferton – oder einer ähnlichen Modelliermasse wie Knete oder Salzteig bei Kindern – lassen sich die Bildmotive herausarbeiten. Auf einem möglichst mit feuchtem Tuch abgedeckten Brettchen wird dazu Ton zunächst ausgerollt, um dann daraus nur mit den Händen ein Halbrelief zu modellieren. Gummihandschuhe, Modellierstäbchen und Wasser zum Befeuchten und Glätten sowie Lappen und Nudelholz werden gebraucht. Kinder ritzen auch gerne das Motiv einfach in eine glatte Tonfläche oder drücken angefeuchtete Figuren aus Modelliermasse auf den ausgerollten Ton. Knete und Modelliermasse wie Salzteig trocknen an der Luft. Auch Ton muss nicht unbedingt gebrannt werden.

Holztafeln und Miniaturtäfelchen

Großformatig gesägte Naturholzbretter (Einlageböden für Kieferregal aus dem Baumarkt oder vom Sperrmüll) werden bereitgestellt. Ein Loch wird hinten als Aufhängerpunkt gebohrt. Die Holzplatten werden dann zunächst mit Holzlasur dunkel getönt, bevor die Bildkopien dann mit deutlich sichtbarem Holzrand auf das Brett geklebt werden. Sie können später als Kreuzwegstationen dienen.

Im Postkartenformat ausgedruckte Bilder des Kreuzweges können auch auf kleine Holzbrettchen aufgezogen werden, die jeder für sich auswählen und mit nach Hause nehmen kann als Erinnerung oder Geschenk an einen lieben Menschen, der sich darüber freut.

Natürlich kann man auch sein Lieblingsbild von Jesus auf diese Weise auf einem Holztäfelchen im Ikonenformat herstellen als Geschenk oder Wandschmuck für zu Hause.

C II: Baumkreuze betrachten

1. »Natur-Kreuzweg im Landart-Stil«

Anliegen

»Landart« ist eine Kunstrichtung, bei der die Natur selbst zum Kunstobjekt wird. Diese Art der Wahrnehmung und perspektivischen Veränderung durch das Objektiv des Fotokünstlers lässt sich auch auf die Kreuzwegtradition übertragen. Denn Kreuzwegbilder, wie wir sie an den Seitenwänden eigentlich jeder katholischen Kirche zu sehen bekommen, sind den meisten Kirchgängern so geläufig, dass sie allenfalls noch klischeehaft wahrgenommen werden. Das Gleiche gilt für Kreuzwegstationen am Wegesrand in der Natur, die uns eigentlich zur Meditation einladen wollen, an denen wir aber oft achtlos vorbeigehen.
Dieser Kreuzweg verknüpft Land-Art-Motive mit den traditionellen Kreuzwegmotiven. Er will alltägliche Sehgewohnheiten durchbrechen, überraschend neue Inspirationen für die eigene Spiritualität in der Natur gewinnen helfen und so den Blick für das Leiden und die Kreuze in der Welt wieder schärfen.
Die Fotos sind bei Waldspaziergängen entstanden. Der Blick suchte nach gewachsenen Formen, die Assoziationen wachrufen zu den Stationsbildern des Kreuzweges Jesu. Einmal für diese Wahrnehmung sensibilisiert, werden wir mit hoher Wahrscheinlichkeit künftig die Natur um uns herum und die Menschen am Wegesrand mit anderen Augen wahrnehmen: mit den Augen des Herzens.

Zielgruppe

In dieser Form – mit Naturbildern, Texten und einem Gang in die Natur – richtet sich dieser Vorschlag in erster Linie an Gruppen, die eine Kreuzwegandacht als gemeinsame Aktion vorbereiten und durchführen möchten, z. B. auch an Familienkreise (wenn Kinder dabei sind, ggf. reduzierte Besinnungsphasen einplanen).

Möglichkeiten

Die Bilder der Kreuzwegandacht werden vorgestellt und wie angeregt betrachtet (siehe CD-ROM). Mit diesen Eindrücken im Kopf schließt die Andacht möglicherweise mit einem Waldspaziergang. Die Teilnehmer können schweigend nach ähnlichen Motiven Ausschau halten und sich gegenseitig auf ihre Entdeckungen aufmerksam machen: »Schau mal, das erinnert mich an …«. Wenn möglich, nehmen sie auf diesem Gang eine Digitalkamera mit, um die Entdeckungen im Foto festzuhalten und die Bilder in der nächsten Kreuzwegandacht einzusetzen. Wo es an Wäldern mangelt, können auch andere Motive in der Umgebung aufgenommen werden: karge Landschaften, Beobachtungen am Boden, an Hauswänden oder Mauerresten sowie sinnträchtige Orte vom Denkmal bis zum Friedhof.

Materialien

Benötigt werden eine Leinwand oder weiße Wand und ein Beamer. Die Bilder werden auf Folien gedruckt (siehe CD-ROM). Die Folien mit den Kreuzwegbildern können über das jeweilige Baummotiv gelegt werden, um das Naturmotiv deutlicher mit dem Kreuzwegbild in Verbindung zu bringen.
Zu diesem Kreuzwegkonzept finden sich im Abschnitt Ideenkiste viele zusätzliche Anregungen.

Ablauf

Ein Eingangsbild und eine einführende Erklärung zu der besonderen Art des Kreuzweges eröffnen den Kreuzweg. Ein Gebet oder Lied könnten ergänzt werden. Jede der folgenden 15 Stationen des Kreuzweges beginnt dann mit der gleichen Einladung zur Betrachtung: Bei meditativer Hintergrundmusik lassen wir das Bild zunächst eine Weile still auf uns wirken. Dann tauschen wir uns untereinander aus, entweder in einer Sprechsteinrunde oder bei zentraler Gesprächsleitung im vorgeschlagenen Dreischritt. Die Impulsfragen können daher für alle Stationen auf ein kleines Plakat geschrieben und sichtbar für alle ausgelegt oder aufgestellt werden:

1. Was siehst du auf dem Bild?
2. Woran lässt es dich denken. Welche Geschichte erzählt das Bild?
3. Was verbindet das Bild mit der Station des Kreuzweges?

Es folgen eine Zusammenfassung und eine Besinnung. Den Abschluss bildet jeweils ein Kyrie-Ruf.

Eröffnung

Betrachtung

Zwei Baumstämme liegen am Wegesrand. Sie wurden gefällt – sie liegen am Boden. Ihre Äste und Zweige sind abgesägt und ihre Rinde abgeschabt. Kreuzförmig liegen sie übereinander. Zwei einstmals ansehnliche Bäume dienen jetzt höchstens noch als Balanciersteg für Kinder oder Jogger.

Damit ist schon ein Hinweis gegeben, wie wir uns heute den Leidensweg Jesu vergegenwärtigen wollen. Wir werden Bäume in der Natur anschauen – ihre markanten Formen wecken Assoziationen. Sie geben uns zu denken. Im Vergleich mit den traditionellen Kreuzwegstationen lassen sie uns die bekannten Bilder neu sehen. Wir werden anders angesprochen – tiefer, emotionaler. Aber das ist ungewohnt. Darauf müssen wir uns erst einstellen, ja darauf einlassen. Wir profitieren erst dann so recht davon, wenn wir uns austauschen über unsere verschiedenen Sichtweisen. Mal sehen, wie das geht und ob uns das reicher macht. Ob wir das, was Menschen seit Jahrhunderten am Kreuzweg Jesu bewegt hat, neu entdecken werden.

Beginnen wir unseren Kreuzweg im Namen das Vaters und des Sohnes und des Heiligen Geistes.

Einleitende Betrachtung

Jede der folgenden 15 Stationen des Kreuzweges beginnt mit der Einladung zur Betrachtung wie oben beschrieben.

1. Station: Todgeweiht

Betrachtung

von Egino Weinert

Zusammenfassung

Die beiden weißen Streifen verraten es uns: Der Baum ist gezeichnet, abgestempelt. In den nächsten Tagen werden Waldarbeiter kommen und an diesen beiden Streifen erkennen, dass sie diesen Baum fällen sollen. Er steht im Weg oder ist krank. Deshalb muss er weg – er ist zum Tode verurteilt.

Auch Jesus stand den Machthabern damals im Weg. Er war ihnen unbequem, brachte Unruhe unter das einfache Volk. Denn er wurde als Messias, als Sohn Gottes verehrt. Das war Gotteslästerung, so meinten die Schriftgelehrten. Das darf sich kein Mensch anmaßen. Darauf stand die Todesstrafe. Nicht zuletzt gefährdete dieser Mann aus Nazaret auch ihre Autorität, so fürchteten die Machthaber. So machten sie kurzen Prozess mit ihm.

Besinnung

Stumm – wie ein Baum nimmt Jesus das Todesurteil an. Prägen wir uns dieses Bild ein.

Immer wieder werden Menschen ungerecht behandelt oder sogar zum Tode verurteilt. Sie werden aus dem Weg geräumt, weil sie sich für gerechte Lebensverhältnisse eingesetzt haben – wie Jesus.

Die ganze Schöpfung ist bedroht, wenn wir die Natur nicht achten und Raubbau an ihr begehen, wenn wir den Regenwald abholzen oder den Lebensraum von Tieren zerstören.

Wie schnell schreiben wir einen anderen ab, der uns nicht passt, der uns lästig erscheint? Er ist uns dann im Weg, weil er nicht so ist, wie wir es uns wünschen.

Auch Worte können töten: Worte der Verachtung, der Demütigung oder der Erniedrigung. Mobbing gibt es auch in unserer nächsten Umgebung. Wie schnell hegen wir Vorurteile gegen Fremde?

Kyrieruf (TG 362 oder 363)

2. Station: Geschultert

Betrachtung

von Egino Weinert

Zusammenfassung

Ein Baum schultert den anderen, der auf ihn gefallen ist. Eine schwere Last, die er da zu tragen hat. Das Gewicht drückt und reißt ihn fast auseinander. Doch er nimmt es auf sich. Er kann dieser schweren Last nicht ausweichen und muss ihr standhalten.

Auch Jesus kann dem Urteil nicht ausweichen. Er nimmt die schwere Last auf sich und geht den Weg zur Hinrichtungsstelle oben auf dem Kalvarienberg vor den Toren der Stadt Jerusalem. Wie schwer muss das Kreuz auf den Schultern lasten? Soldaten treiben ihn mit Peitschenhieben an.

Besinnung

Ruhig wie ein Baum lässt sich Jesus das Kreuz auf die Schultern legen. Prägen wir uns dieses Bild ein.

Wie viele Menschen müssen ein schweres Kreuz tragen? Die Last der Verantwortung für andere, eine mühevolle Arbeit, eine schwere Krankheit oder Schuld setzen ihnen zu.

In vielen Ländern müssen schon kleine Kinder hart arbeiten für einen Hungerlohn, nur um überleben zu können: in Elendsvierteln der großen Städte, auf Müllhalden, auf Plantagen oder in Fabriken.

Wem fallen wir selbst hier und da zur Last? Wann nutzen wir andere aus oder machen ihnen das Leben schwer?

Wie groß ist unsere Bereitschaft, selbst eine wichtige Aufgabe und Verantwortung zu übernehmen – für andere eine Last zu tragen?

Kyrie (TG 362 oder 363)

3. Station: Gefallen

Betrachtung

von Egino Weinert

Zusammenfassung

Ein kleiner Baum biegt sich unter dem Druck eines anderen. Er kann das Gewicht des mächtigen Stammes kaum halten. Er wird wohl bald unter der Last zusammenbrechen.

Jesus kann das Kreuz nicht mehr tragen. Es ist zu schwer und lässt ihn stürzen. Es ist mehr als nur die Last des Kreuzes, was ihn zu Boden zwingt. Er schultert das Kreuz stellvertretend für alle Menschen – für alles Unrecht und alle Schuld der Welt. Das ganze Gewicht seiner Botschaft gilt es durchzutragen, um glaubwürdig zu sein.

Besinnung

Kraftlos wie der kleine Baum bricht Jesus unter der Last des Kreuzes zusammen. Das Bild spiegelt die unmenschliche Last und Überforderung.

In den Nachrichten werden wir täglich Augenzeugen von Situationen, die Menschen überfordern und zusammenbrechen lassen: an Kriegsschauplätzen, bei Terroranschlägen, Unfällen, unmenschlichen Lebens- oder Arbeitsbedingungen.

Überfordern wir andere, indem wir ihnen zu viel abverlangen und unsere Erwartungen zu hoch schrauben?

Wir suchen nach preiswerter Kleidung, doch dabei vergessen wir, dass andere dafür oft sehr schwer und unter unhaltbaren Zuständen schuften müssen, auch Kinder. Wie oft geben wir uns Rechenschaft über die Konsequenzen unseres Handelns?

Wir können doch nicht einfach zusehen, wenn neben uns jemand zusammenbricht oder nicht mehr weiter weiß. Wie aufmerksam sind wir für die Not anderer?

Kyrie (TG 362 oder 363)

4. Station: Beherzt

Betrachtung

von Egino Weinert

Zusammenfassung

Es ist eine Narbe in der Rinde zurückgeblieben. Sie hat die Form eines Herzens. Das Bild weckt in uns Assoziationen einer glücklichen, liebevollen Beziehung. Nach Jahren entdecken Verliebte manchmal das Herz wieder, das sie als junges Paar in eine Baumrinde geschnitzt haben: Es ist mit der Zeit gewachsen und lässt schöne Erinnerungen wieder aufblühen.

Wenn wir von der Begegnung Jesu mit seiner Mutter auf dem Leidensweg hören, dann weckt das unmittelbar Erinnerungen an unsere Mutter, an die engste menschliche Beziehung am Anfang des Lebens. Auch die Mutter Jesu, Maria, steht an den entscheidenden Wegstationen ihres Sohnes an seiner Seite. Was mag in einem Mutterherz vorgehen, wenn sie ihrem Sohn auf dem Weg in den Tod zum letzten Mal in die schmerzerfüllten Augen schauen muss?

Besinnung

Das große Herz, das Jesus immer wieder für Menschen zeigte, war sicher geprägt vom großen Herzen Marias für ihn. Er konnte ihr dennoch diese schmerzvolle Begegnung nicht ersparen.

So viele Mütter in der Welt müssen mit ansehen, wie ihre Kinder Opfer werden: in den Krieg ziehen, unter einer Krankheit leiden, an Drogen zugrunde gehen.

Wie ist unser Verhältnis zu unserer Mutter? Sehnen wir uns nach der Herzlichkeit und dem bedingungslosen Vertrauen, das sie uns schenkte? Oder haben wir nie Mutterliebe erfahren dürfen und sie immer nur vermisst?

Wie viele Narben hat das Leben bei uns hinterlassen? Wie viel Liebe können wir anderen schenken?

Kyrie (TG 362 oder 363)

5. Station: Gestützt

Betrachtung

von Egino Weinert

Zusammenfassung

Ein starker Baum wird zur Stütze des morschen, zum Sterben verurteilten Nachbarbaumes. Der Starke steht dem Schwachen bei und hält ihn aufrecht. Der Anblick lässt uns an Augenblicke im Leben denken, wo einer dem anderen zur Hilfe wurde.

Simon von Zyrene wird von den Soldaten gezwungen, Jesus das Kreuz tragen zu helfen, als der zusammenzubrechen droht. Wie unangenehm mag das für Simon wohl gewesen sein, als er plötzlich von allen Seiten begafft wurde? Hat er es als Liebesdienst für einen zum Tode verurteilten

Menschen begreifen können? Oder hatte er in diesem Augenblick nur Angst vor den Soldaten?

Besinnung

Der Starke stützt den Schwachen. Zum Glück gibt es Menschen, die anderen selbstlos helfen.

Wie begegnen wir Schwachen in unserer Nachbarschaft und Gesellschaft? Lassen wir uns gerne einspannen, wenn eine helfende Hand gefragt ist?

Wenn andere mit großen Erwartungen auf uns zukommen, empfinden wir das als Zumutung und lehnen schnell und ohne nachzudenken einfach ab?

Es tut gut, wenn jemand mir eine große Bürde abnimmt, wenn er mitträgt, wo ich mich allein überfordert fühle. Vergesse ich den Dank dabei auch nicht?

Beschweren wir uns nicht allzu oft zu schnell, statt mit Rat und Tat zur Seite zu stehen, wo etwas nicht weitergeht, zu kompliziert oder nur schwer lösbar erscheint?

Kyrie (TG 362 oder 363)

6. Station: Abgebildet

Betrachtung

von Egino Weinert

Zusammenfassung

Ein kleiner Zweig wächst aus dem großen Stamm. Die Sonne scheint, sodass der Zweig einen zarten Schatten wirft. Nur der aufmerksame Beobachter sieht es. Ein hoffnungsvolles Bild – ein flüchtiger Lichtblick, der durch den Schein der Sonne bewirkt wird und nur durch sie Bestand hat.

Veronika tritt dicht an Jesus heran auf dem Weg zur Kreuzigung, um ihm ein Tuch zu reichen für sein blutendes und verschwitztes Gesicht. Eine Geste des Erbarmens, die sich einprägt. Jesus hat sie dafür belohnt und sein Antlitz in diesem Tuch als hoffnungsvolles Bild hinterlassen. Welche kostbare Erinnerung an Jesus!

Besinnung

Ein kurzer Lichtblick auf dem Weg in den Tod. Veronika fasste sich ein Herz und reichte Jesus ein Schweißtuch. Ein Augenblick nur – eine prägende Erinnerung ist alles, was bleibt. Wem könnten wir mehr Menschlichkeit zeigen? Wo ist unsere Courage gefragt?

Menschen heben sich Erinnerungsstücke auf, Fotos und Gegenstände, die sie mit geliebten Personen verbinden. Nehmen sie den Gegenstand zur Hand, dann werden die gemeinsamen Erlebnisse lebendig und sie haben den Menschen vor Augen. Welche Erinnerungsstücke an andere Menschen sind uns besonders ans Herz gewachsen?

Menschen haben uns von Jesus erzählt. Vielleicht gibt es Schlüsselerfahrungen, in denen Jesus uns besonders nahe war. Welches Bild haben wir von Jesus bewahrt? Was möchten wir als Bild von ihm in uns tragen?

Kyrie (TG 362 oder 363)

7. Station: Entkräftet

Betrachtung

von Egino Weinert

Zusammenfassung

Wuchtig schlägt der Baumstamm auf und reißt fast die dünnen Äste des Nachbarbaumes bei seinem Sturz ab. Ein Kreuz lässt sich erkennen, gebildet aus dem zerborstenen Stamm und den zerfetzten Ästen.

Die Kreuzeslast ist zu groß. Jesu Kräfte schwinden, er ringt nach Luft. Er strauchelt und fällt. Doch er weiß, er muss seinen Weg zu Ende gehen. Er gibt nicht auf. Mühsam steht er wieder auf und geht weiter.

Besinnung

Entkräftet liegt Jesus am Boden. So ein Jesusbild ist schwer auszuhalten. Das darf nicht das letzte Bild von ihm sein, das wir haben. Das haben wir auch nicht, denn wir denken immer schon an Ostern. Wir teilen nicht die Verzweiflung der Jünger damals.

Wie sehen wir Jesus in diesem Augenblick? Als einen Gescheiterten, als einen Mutigen, als einen Glaubensstarken? Wenn wir auf die Passion schauen, zweifeln wir dann an Gott, unserem Vater, oder wird er uns unverständlich?

Macht der Leidensweg Jesu uns Angst, weil wir daran denken, dass auch unser Christsein schwierige Konsequenzen nach sich ziehen könnte? »Steh auf, wenn du ein Christ sein willst – gegen Unrecht, gegen die Verletzung der Menschenrechte, gegen Gewalt!« Wie kommt das bei uns an?

Was bringt mich wieder auf die Beine, wenn ich mich zerschlagen fühle, am Boden zerstört? Macht es uns Mut, dass Jesus auch das tiefste menschliche Leid mit uns geteilt hat?

Kyrie (TG 362 oder 363)

8. Station: Getröstet

Betrachtung

von Egino Weinert

Zusammenfassung

Eine Kerbe ist in den Baum gesägt, die Fallrichtung vorgegeben. Es ist nur noch eine Frage der Zeit, bis die Säge den Stamm von der Rückseite durchschneidet und den Baum zu Fall bringt. Wie ein Mund erscheint die Kerbe im Baumstamm.

Frauen weinen am Wegesrand. Was sie dort erleben, verschlägt ihnen die Sprache. Sie haben Mitleid mit dem unschuldig zum Tode Verurteilten. Er wendet sich ihnen zu und findet Worte für die Trauernden.

Besinnung

Den Frauen fehlen die Worte, Jesus durchbricht die Sprachlosigkeit. Seine Worte für die weinenden Frauen erscheinen schroff: »Weint nicht über mich, weint über euch! Wenn das schon mit dem grünen Holz geschieht, wie wird es dann dem dürren ergehen?« Wenn es den Unschuldigen schon so hart trifft, welches Schicksal wartet dann auf euch? Bemüht euch um euren Glauben, alles andere wird Gott lösen – das ist seine Botschaft an die Frauen und an uns.

Machen wir uns um die falschen Dinge Sorgen? Kümmern wir uns zu wenig um unseren Glauben?

Welche Worte vermögen in aussichtslosen Situationen noch Trost zu spenden? Beschwichtigen wir manchmal mit den Worten: »Das wird schon wieder«? Oder halten wir die Verzweiflung mit dem anderen aus? Welcher Zuspruch eines Menschen hat uns selbst gutgetan und ermutigt?

Wen würden wir gerne trösten, wissen aber nicht wie? Welche Beispiele im Handeln Jesu könnten mir helfen, anderen Mut zuzusprechen?

Kyrie (TG 362 oder 363)

9. Station: Zerbrochen

Betrachtung

von Egino Weinert

Zusammenfassung

Ein Baumstamm ist umgestürzt, vielleicht zerborsten unter der Gewalt eines Sturmes. Der Baumstamm ist zersägt worden. Äste liegen kreuz und quer. Was nun noch übrig ist, verrottet. Nach einiger Zeit wird Humus daraus und dann neues Leben. Rundherum ist es grün – das Leben geht weiter. Ein Hoffnungszeichen – das Leben ist nicht totzukriegen!

Jesus ist am Ende seiner Kräfte. Ein dritter Sturz weist darauf hin. Er weiß, er geht in den sicheren Tod. Wie mag er nur die Kräfte mobilisiert haben, um wieder aufzustehen? Welche unermesslichen äußeren und inneren Qualen sind das!

Besinnung

Geknickt, zermürbt, zusammengebrochen – Jesu richtet sich mit letzter Kraft noch einmal auf. »Wenn das Weizenkorn nicht in die Erde fällt und stirbt, bleibt es allein, wenn es aber stirbt, bringt es reiche Frucht!« Diese Worte im Gleichnis vom Weizenkorn mögen die Kraftreserve mobilisiert haben, das Kreuz bis zum letzten Atemzug auf sich zu nehmen.

Wir Menschen sterben nicht nur den einen großen Tod. Vieles muss in unserem Leben sterben, damit Neues wächst und am Ende eine reiche Ernte möglich wird. Was behindert unser Leben und sollte besser sterben?

Verdrängen wir im Alltag den Gedanken an den Tod, an den eignen und den Tod von Menschen, die uns nahe stehen?

Den letzten Weg geht jeder ganz für sich allein. Wie tragfähig bleibt da der Glaube an den Gott, der uns zugesagt hat, immer für uns da zu sein?

Kyrie (TG 362 oder 363)

10. Station: Bloßgestellt

Betrachtung

von Egino Weinert

Zusammenfassung

Die Rinde des Baumes ist aufgerissen und schält sich vom Stamm. Er verliert so die schützende Hülle und wird den Außeneinflüssen preisgegeben. Die nackte Baumstelle lässt sich als menschliche Umrissgestalt oder als offene Wunde deuten. Eine Wunde, die sich nicht mehr schließen wird.

Nicht einmal die Kleidung lassen sie Jesus, sondern sie reißen sie ihm vom Leib und entwürdigen ihn vor aller Augen. Ecce homo – seht den Menschen! Seine gottebenbildliche Würde ist ihm nicht zu nehmen!

Besinnung

Bloßgestellt und ausgeliefert – Jesus Christus, Menschensohn und Sohn Gottes!

Die Bloßstellung des Menschen hat längst kein Ende gefunden in der Welt. Menschen werden auch heute als Ware gehandelt. Nacktheit wird provozierend zur Schau getragen oder der Körper zum reinen Lustobjekt degradiert. Tun wir genug dagegen?

Wie ist unser Verhältnis zu unserem Körper? Treiben wir Raubbau an unserer Gesundheit oder vergötzen wir unser Äußeres? Mit wie viel Achtung begegnen wir anderen Menschen? Machen wir das abhängig von Sympathie oder äußerlicher Schönheit?

Als Menschen sind wir gottebenbildlich erschaffen. Wie schlimm es auch immer kommen mag, diese Würde kann uns niemand nehmen. Wissen wir darum?

Kyrie (TG 362 oder 363)

11. Station: Festgenagelt

Betrachtung

von Egino Weinert

Zusammenfassung

Ins Auge fällt zunächst der querliegende Stamm: Ein Baum ist wohl umgestürzt und nun eingeklemmt zwischen den Ästen eines anderen Baumes. Ein senkrechter Stamm mit zwei steil nach oben ragenden Ästen, dazwischen der Querbalken – eine merkwürdige Figur. Beim längeren Betrachten entdeckt das Auge eine Kreuzigungsszene: Aus den aufragenden Ästen werden die Arme eines menschlichen Körpers – ein Mensch hängt am Kreuz, wie Jesus.

Jesus wird ans Kreuz geschlagen. Nägel werden durch seine Handgelenke und die Füße getrieben. Wenn das Kreuz aufgerichtet wird, beginnt ein langsamer, qualvoller Erstickungstod. Welche Grausamkeit! Jesus wird zum Inbegriff für alles Leid, das Menschen angetan wird.

Besinnung

Gibt es Dinge, für die es sich zu sterben lohnt? Für das Vaterland, für die Gerechtigkeit, für die Wahrheit? Wie viel ist der Glaube uns wert? Würden wir uns auf unseren Glauben »festnageln« lassen?

Wären wir bereit, für andere Menschen in den Tod zu gehen? Besser wäre sicher, vorher für einen anderen Menschen zu leben. Wofür es sich zu leben lohnt, dafür lohnt es sich zu sterben!

Unser Leben steht in deinen Händen, Gott. Lass uns so leben, dass wir jederzeit im Tod bereit sind, vor dich zu treten.

Kyrie (TG 362 oder 363)

12. Station: Gestorben

Betrachtung

von Egino Weinert

Zusammenfassung

Der Baum erinnert an einen Menschen. Ein Ast wurde abgesägt, eben an der Stelle, wo wir bei einem Menschen den Kopf vermuten. Nur eine tellergroße Wunde bleibt zu sehen. Zwei Äste strecken sich wie ein stummer Hilfeschrei zum Himmel. Tröstlich ist nur die Umgebung des Baumes: Er steht an einem See, der Blick auf den Himmel ist frei. Und da ist ein dritter Ast, der wie ein Fingerzeig senkrecht zum Himmel weist.

Hinabgestiegen in das Reich des Todes – so beten wir im Glaubensbekenntnis. Den Tod können wir nicht aushalten, wir sehen immer schon nach oben zum Himmel. Wir beten es immer schon mit österlicher Perspektive. Ein Sämann geht auf das Feld, um zu säen. Zur Erntezeit wird er hundertfache Frucht einbringen.

Besinnung

Jesus ist einen grausamen Tod gestorben. Er ist für uns gestorben – für jeden einzelnen von uns. Wir wollen einen Moment der Stille halten.

Stille

Viele Menschen sterben durch Krieg, Katastrophen und Unglücksfälle. Gott, steh allen Menschen bei, die gewaltsam aus dem Leben gerissen werden.
Steh allen Sterbenden bei, dass sie in der Todesstunde nicht alleingelassen sind. Wir wollen einen Moment der Stille halten.

Stille

Kyrie (TG 362 oder 363)

13. Station: Leblos

Betrachtung

von Egino Weinert

Deutung

Leblos hängt der Rest einer entlaubten, abgebrochenen Baumkrone und klammert sich mit seinem Geäst an den noch aufrecht stehenden Stamm. Er gibt ihm einen letzten Halt. Gemeinsam harren sie aus, reglos aneinander festhaltend. Der ganze Baum ist dem Verfall preisgegeben.

Das Bild erinnert an eine Pieta: Die Mutter Jesu birgt den Leichnam auf ihrem Schoß – erfüllt von Liebe und starr vor Schmerz. Ein Bild der Trauer – ein Bild der Zuneigung.

Besinnung

Maria trauert um ihren Sohn. Lassen wir uns trösten von diesem Bild, wann immer uns die Trauer einholen mag. Wir sehen im Fernsehen, im Internet, in Zeitungen viele ähnliche Bilder. Mütter halten ihre verletzten oder toten Kinder im Arm nach Terroranschlägen oder in Kriegsgebieten. Wir wollen für sie beten.

Nur wenige seiner engsten Freunde glaubten Jesus über den Tod hinaus. Mit seinem Tod war für die meisten Jünger der Glaube zunächst erstarrt und leblos. Sie verleugneten ihn oder flohen. Maria war dir treu über den Tod hinaus. Sind wir dir treu, wenn es hart auf hart kommt?

Maria war ganz offen für Jesus. Sie hat ihn nicht immer verstanden, aber ihn hingebungsvoll geliebt. Wie offen nehmen wir dich an? Wie viel Liebe schenken wir dir?

Kyrie (TG 362 oder 363)

14. Station: Begraben

Betrachtung

von Egino Weinert

Zusammenfassung

Dahingestreckt wie der tote Körper eines Menschen, so wirkt dieser Baumrest auf den Betrachter. Ausgeliefert der Verwesung, liegt er matt auf dem Waldboden – reglos, leblos, wertlos. Er wird irgendwann mit Laub bedeckt zum Nährboden der Natur.

Jesus wird ins Grab gelegt – nach altem Brauch wurde sein Körper einbalsamiert und in ein Leinentuch gehüllt, bevor man ihn in einem Felsengrab bestattete. Josef von Arimathäa sorgte für die Bestattung.

Besinnung

Jesus ist gestorben. Wie konnte er so von ihnen gehen? Wie enttäuscht, ja verzweifelt müssen die Jünger damals gewesen sein!

»Das Reich Gottes ist schon mitten unter euch!«, so hat er verkündigt. Ist er mitten unter uns lebendig? »Ich bin bei euch alle Tage bis ans Ende dieser Zeit!« Spüren wir seine Nähe? »Ich bin der Weinstock, ihr seid meine Reben! Ihr seid das Salz der Erde! Ihr seid das Licht in der Dunkelheit der Welt!« Oder wirken wir wie die enttäuschten Jünger kurz nach Jesu Tod?

Der Kreuzweg endet nicht hier in der Sackgasse, sondern der Weg Jesu weist über diesen Tag hinaus ins Weite.

Kyrie (TG 362 oder 363)

15. Station: Auferstanden

Betrachtung

Zusammenfassung

Einen Blick in den offenen Himmel wagen, dorthin, wohin sich jeder Baum, jede Pflanze das ganze Leben lang sehnt und streckt, wo Triebe und Knospen immer wieder über sich hinaus wachsen, der Sonne und dem Licht entgegen.

Verglichen mit dem Kreuzesbaum macht dieses Baumbild Mut und Hoffnung. Österliche Freude kommt auf und der Blick richtet sich nach oben. Jesus ist auferstanden. Er lebt! Er ist mitten unter uns!

Besinnung

Erst mit der Ostererfahrung, erst mit Gottes belebendem Geist, haben sich die Jünger von Jesus erlöst gefühlt. Befreit von all ihren Ängsten, waren sie bereit, selbst für Gott zu leben und zu sterben! Ist unser Glaube lebendig?

Der Tod hat nicht das Sagen im Leben – sondern Gott gehört das letzte Wort. Diesen Glauben Jesu tragen wir nicht zu Grabe, sondern bergen ihn tief in unserer Seele. Dort kann er Wurzeln schlagen für den Baum des Lebens, damit er Blüten treibt und »die Vögel des Himmels in seinen Zweigen nisten«.

Vaterunser

Segen

2. Ideenkiste

Bildauswahl

Wir drucken die Baumbilder zuvor möglichst auf mattem Fotopapier großformatig farbig aus (auf der CD-ROM sind die Bilder in Farbe), legen sie (ggf. Vorauswahl treffen) am Anfang der Andacht im Kirchenraum oder in der Kreismitte aus. Die Teilnehmer werden eingeladen, sich eines der Bilder auszusuchen und es nach eigenem Ermessen oder in Partner- bzw. Kleingruppenarbeit einer Kreuzwegstation in der Kirche zuzuordnen. In der anschließenden Kreuzwegandacht werden diese Bilder dann in die Betrachtung zu den Stationen eingebunden. Zunächst können die Bilder still betrachtet, dann kann die Auswahl begründet werden (nur wer möchte). In einem Gedankenaustausch wird die Beziehung zum jeweiligen Kreuzwegbild an der Kirchenwand hergestellt. Dabei finden sich meist mehrere Alternativen, die einen Vergleich an der Station ermöglichen. Die Zahl der thematisierten Stationen lässt sich im Blick auf die Zielgruppe begrenzen. So wäre es naheliegend, nur die Stationen anzusprechen, zu denen Fotos gelegt wurden.

Erzählkreis

In kleinen Teilnehmergruppen arbeiten wir nur mit dem ausgedruckten Bildmaterial, indem die Baumbilder nacheinander im Sitzkreis ausgelegt und betrachtet werden. Danach werden die Kreuzwegstationen chronologisch vorgestellt oder die Passionsgeschichte in einer den Teilnehmern gemäßen Erzählversion (z. B. aus der Kinderbibel) schrittweise vorgetragen. Reihum wählt je ein Teilnehmer während des Vortrags (Erzählpausen) dann spontan jeweils ein passendes Baummotiv aus und legt es in der Mitte zu einem Weg an. Die Assoziationen können abschließend in einer Sprechsteinrunde ins Gespräch gebracht werden.

Powerpoint-Präsentation

Mit einer Jugendgruppe kann als Vorbereitung auf den Kreuzweg eine eigene Powerpoint-Animation aus dem Bildangebot der CD-ROM zu den Kreuzwegstationen zusammengestellt werden, vielleicht sogar ergänzt um eigene Fotos, die während eines Ausflugs in die Natur gemacht wurden, oder mit selbst gemalten Baum-Bildern. Der Text kann dazu natürlich reduziert oder der Zielgruppe angepasst werden.

Den Kreuzweg im Freien gehen

Bei einem Spaziergang durch die Natur werden Naturmaterialien gesammelt – vom Stein bis zum Zweig (Naturschutz beachten!) –, um daraus Motive des Kreuzweges als Bodenbilder zu gestalten und dann Besinnung zu halten. Die Bilder können jeweils auf einer kleinen Freifläche, z.B. zwischen den Wurzelenden eines Baumes, auf einem Steinblock, einem Baumstumpf ausgelegt werden – ganz nach situativer und spontaner Intuition der Teilnehmer.

Einen Kreuzweg durch die Natur führen

Eine weitere Idee, einen Kreuzweg in der Natur zu gestalten, besteht darin, selbst nach symbolträchtigen Motiven in der nahen Umgebung Ausschau zu halten, motiviert und sensibilisiert durch die Baumfotos. Dazu kann eine Gruppe vorab gezielt nach geeigneten Kreuzwegmotiven suchen. Die ausgesuchten Standorte werden mit gut sichtbaren Stations-Schildern markiert.

Hier wurde die Verpackung einer Gitarre genutzt, um daraus ein Standbild zu gestalten. Zunächst wurde der Karton vorsichtig auseinandergefaltet und durch wenige, wohlüberlegte Cutter-Messer-Schnitte so bearbeitet, dass sich die gewünschten Figurationen (Querbalken und die Personensilhouetten) später ausklappen ließen zu einem kleinen Papp-Monument. Dies lässt sich dann mit Abtönfarben bestreichen und beschriften. Mit Kreativität und gemeinsamer Kraft können natürlich auch aus anderen Faltkartons solche markanten Stationsschilder zusammengestellt werden. Sie sollten dem Weg entsprechend zusammenlegbar und gut transportabel sein.

Meilensteine

Weiße Ziegelsteine oder Steine zur Rasenbegrenzung – in Gartenbaumärkten in verschiedenen Varianten erhältlich – lassen sich mit Wachs-, Pastell- oder Pflasterkreiden, mit Abtön- oder Acrylfarben bemalen, sodass auch schon mit wenigen Strichen aus den Randsteinen Meilensteine entstehen. Diese kann man auf Altarstufen, aber auch im Freien auf Vortreppen, am Wegesrand oder im Banquette um die Kirche als Stationsmarkierungen aufstellen oder sogar, je nach Beziehung und Stellung der Protagonisten der Szenerie zueinander, zu kleinen soziometrischen Personengruppen zusammenstellen. Einfache Requisiten wie ein Strick, ein Astkreuz, eine Dornenkrone, Nägel, Steine, grobes Juteleinen (Tragetaschen), Blumen oder laminierte Beschriftungen helfen, ein Stationsmotiv symbolisch ausdrucksstark darzustellen. Wenn die Materialien wetterbeständig sind, könnten die Stationen in Gruppenstunden von Woche zu Woche während der Fastenzeit entwickelt werden. Sonst gestalten mehrere Gruppen am Palmsonntag die Stationen arbeitsteilig, so dass sie die Karwoche über aufgestellt bleiben und in der Osternacht vielleicht zum Osterfeuer führen.

Auf einer Seite von einer großen Gruppe individuell mit Leid-Motiven bemalte Ziegelsteine können am Karfreitag zu einer Klagemauer vor dem Altar aufgeschichtet werden, die – später einzeln gewendet – mit Hoffnungsbildern aufwarten und zu einer Hoffnungsbrücke werden.

Objekte am Wegesrand

1 Todesurteil / Geißelung; 2 Kreuzaufnahme; 3 Erster Fall

4 Begegnung mit der Mutter; 5 Simon hilft Jesus; 6 Veronikas Tuch

7 Zweiter Fall; 8 Weinende Frauen; 9 Dritter Fall

10 Kleiderraub; 11 Kreuzigung; 12 Tod am Kreuz

13 Kreuzabnahme; 14 Grablegung; 15 Osterhoffnung
(alle Skulpturen © Wolfgang Gies)

Stelen aus Porenbeton-Steinen (aus dem Baumarkt) werden zuvor vom Vorbereitungsteam zu den Kreuzwegmotiven entsprechend überlegt ausgestaltet. Die Steine sind leicht zu tragen und mit Raspeln, Feilen, Löffeln zum Ausschaben oder Stechbeitel zu bearbeiten (im Werkraum), um grob strukturierte Halbreliefs aus dem Stein herauszuarbeiten (s. Station 6). Aber auch nur symbolische Requisiten schaffen ausdrucksstarke Wegstationen. Es reicht ein Kreuz, das dann mitgeführt und jeweils zur Station positioniert wird. Hände kann man am einfachsten mit Gipsbinden (aus Apotheke oder Bastelladen) in Partnerarbeit herstellen. Dazu wird Vaseline gut deckend auf eine Hand aufgetragen und Gipsbinden werden in kleine Streifen geschnitten. Diese taucht man dann einzeln kurz in eine Wasserschale und legt sie sofort in mehreren Schichten kreuzweise auf die aufgestützte Hand des Partners, der bis zum Trocknen etwas Geduld braucht. Dabei jeweils nur den Handrücken bzw. die Handfläche und die Seiten belegen – nicht zu einem Handschuh rundum schließen! Denn die Hand soll sich nach dem ersten Aushärten des Gipses leicht wieder davon lösen lassen. Die Gipshand lässt sich an die Stele heften, ggf. kann man Ober- und Unterschale zusammenfügen und ausgießen.

Teil D:
Gemeinde

D I: Einzeln und in kleinen Gruppen gehen

1. »Kreuzweg für Einzelgänger & Co.«

Anliegen

Vielerorts fühlen sich Kirchenbesucher nicht nur von einem Kreuzweg im Kirchenraum, sondern auch in der freien Landschaft eingeladen, wie beispielsweise vor der Zisterzienser-Abtei in Bochum-Stiepel. Die kurzen Impulse zu jedem Stationsbild wollen Anregung geben, sich mit dem Leidensweg Jesu auseinanderzusetzen. Natürlich eignen sich die Impulsfragen auch für eine individuelle Kreuzwegbetrachtung andernorts inner- und außerhalb eines Kirchenraumes. Es bleibt dem Einzelnen jeweils überlassen, inwieweit er sich auf die Einladung und die Impulsvorgaben einlässt, um im Kreuzweggebet seine ganz persönliche Ausrichtung und Aufrichtung zu erfahren.

Zielgruppe

Einzelgänger oder kleine Gruppen, die einen Kreuzweg im Freien oder in einer Kirche selbstständig für sich gehen möchten.

Möglichkeiten

Ein Faltblatt wird für eine kleine Gruppe als Wegbegleiter vorbereitet und am Schriftenstand ausgelegt. Wem das zu umständlich erscheint, der kann sich auch die Textversion von der CD-ROM entsprechend ausdrucken.

Materialien

Auf der CD-ROM befinden sich die Bilder des Kreuzweges in Bochum-Stiepel und die Impulsfragen.

Eröffnung

Freies Gebet und Lied

1. Station: Jesus wird zum Tod verurteilt

© Ernst Rasche

Wenn sich heute jemand »Messias« oder »Gottes Sohn« nennen würde, wie würden die Menschen reagieren?

Welches Urteil habe ich mir von Jesus gebildet?

Wie urteile ich über andere Menschen?

Wie gut fühle ich mich von anderen beurteilt?

An wen denke ich besonders, wenn ich vom Todesurteil über Jesus höre?

2. Station: Jesus nimmt das schwere Kreuz auf seine Schultern

© Ernst Rasche

Wo müssen Menschen heute ein schweres Kreuz tragen?

Was bürde ich anderen manchmal auf?

Was macht mir das Leben schwer?

An wen muss ich denken, weil dessen Lebensumstände so schwierig sind?

Was macht es mir manchmal schwer, an Jesus zu glauben?

3. Station: Jesus fällt zum ersten Mal unter dem Kreuz

© Ernst Rasche

Was fühle ich dabei, wenn ich Jesus stürzen sehe?

Welche Situationen in meinem Leben finde ich unerträglich?

Wo werde ich für andere zum Stolperstein?

Welche Krisen habe ich durchlebt?

Kenne ich Menschen, die sich zu viel zugemutet haben?

4. Station: Jesus begegnet seiner Mutter

© Ernst Rasche

Wie sehe ich das Verhältnis Jesu zu seiner Mutter?

Braucht meine Mutter Hilfe und Zuwendung von mir?

Wo habe ich die Nähe meiner Mutter besonders gebraucht und gespürt?

Wann leiden besonders Mütter unter dem Schicksal ihrer Kinder?

Wie stehe ich zur Verehrung der Mutter Jesu als Muttergottes?

5. Station: Simon von Zyrene hilf Jesus das Kreuz tragen

© Ernst Rasche

Warum haben seine Freunde Jesus im Stich gelassen?

Wann hat mir jemand eine schwere Bürde abgenommen?

Wo bin ich bereit, einem anderen eine Last abzunehmen?

Wann hat jemand einem anderen vorbildlich geholfen?

Wie kann ich dazu beitragen, dass Jesu Botschaft tragfähig bleibt?

6. Station: Veronika reicht Jesus das Schweißtuch

© Ernst Rasche

Welches Bild habe ich von Veronika?

Worin kann mir Veronika Vorbild sein?

Welches Bild habe ich von Jesus?

Welches Bild von einem besonderen Menschen trage ich bei mir?

Welches Menschenbild habe ich?

7. Jesus fällt zum zweiten Mal unter dem Kreuz

© Ernst Rasche

Was denke ich über Jesu Schicksal?

Wo fühle ich mich von anderen überfordert?

Erwarte ich von anderen manchmal zu viel?

Welches Verhalten finde ich bei Christen untragbar?

Kenne ich jemanden, der an einer Aufgabe zu zerbrechen droht?

8. Station: Jesus begegnet den weinenden Frauen

© Ernst Rasche

Was denke ich über Jesu mahnende Worte an die weinenden Frauen?

Wie könnte ich jemanden trösten, der unglücklich ist?

Wer hat schon einmal meinetwegen Tränen vergossen?

Was macht mich traurig?

Bei wem finde ich am ehesten Trost in dunklen Stunden?

9. Station: Jesus fällt zum dritten Mal unter dem Kreuz

© Ernst Rasche

Was hat Jesus die Kraft gegeben, wieder aufzustehen?

Warum resignieren viele Menschen trotz der Bemühungen anderer um sie?

Was kann mich aus der Bahn werfen?

Was macht es mir manchmal schwer, meinen Weg zu gehen?

Was hat mir in einer fast aussichtslosen Krise geholfen?

10. Station: Jesus wird seiner Kleider beraubt

© Ernst Rasche

Schäme ich mich manchmal, Christ zu sein?

Was gehört für mich zur Würde des Menschen?

Wo habe ich schon einmal jemanden bloßgestellt?

Von wem habe ich mich einmal gedemütigt gefühlt?

Wo wird die Würde des Menschen auch heute mit Füßen getreten?

11. Station: Jesus wird ans Kreuz geschlagen

© Ernst Rasche

Wofür hat sich Jesus aufs Kreuz schlagen lassen?

Worauf würde ich mich festlegen, festnageln lassen?

Wer legt für mich die Hand ins Feuer, wenn es sein muss?

Für wen möchte ich leben und auch sterben?

Was kann ich tun gegen Folter, Ausbeutung und Gewalt in der Welt?

12. Station: Jesus stirbt am Kreuz

© Ernst Rasche

Wie stehe ich zum Kreuzestod Jesu?

Wie denke ich über meinen eigenen Tod?

Wie kann ich jemanden auf seinem letzten Weg begleiten?

Wovon möchte ich erlöst werden?

Was kann ich tun gegen Gewalt im Alltag und in den Unterhaltungsmedien?

13. Station: Jesus wird vom Kreuz abgenommen

© Ernst Rasche

Was fühle ich, wenn ich Jesus im Schoß der Mutter liegen sehe?

Wen würde ich gerne in den Arm nehmen?

Wer würde sich um mich kümmern, weil er mich liebt?

An wen denke ich, wenn ich den Leichnam Jesu sehe?

Was kann eine Mutter trösten, die ihren Sohn tot in den Armen hält?

14. Station: Der Leichnam Jesu wird ins Grab gelegt

© Ernst Rasche

Woran denke ich, wenn ich das Grab Jesu betrachte?

Wie glaubwürdig sind für mich die Zeugnisse vom leeren Grab?

Ist das Leben im Angesicht des Todes sinnlos?

Was hilft mir zu glauben, dass Jesus auferstanden ist?

Wie stelle ich mir Auferstehung vor?

Gebet

Wenn das Weizenkorn nicht in die Erde fällt
und stirbt, bleibt es allein.
Wenn es aber stirbt,
bringt es reiche Frucht.

Ausklang

Am Ende des Weges steht die Einladung zur meditativen Stille und zu einem ganz persönlichen Gebet – sei es in gewohnten Gebetsformen wie Rosenkranz, Vaterunser oder dem eigenen Lieblingsgebet, einem Psalm oder Gotteslobtext – oder frei formuliert mit der Stimme des Herzens und der Seele. Besonders dicht ist eine Gebetserfahrung, wenn man sie mit einem vertrauten Menschen teilt.

D II: Ansichten und Einsichten haben

1. »Blickwinkel – kreuz und quer«

Anliegen

Der Kreuzweg von Hans-Theo Richter in der Christkönig-Kirche in Sundern bietet sich durch die Deutungsoffenheit der stilisierenden Darstellungsart der 50/60er Jahre an, um die Sehgewohnheiten und manchmal zum Klischee erstarrten Kreuzwegbetrachtungen neu zu beleben. Kreuz und quer durch die Zeit kommen Menschen mit ihren unterschiedlichen Meinungen zur Sprache. Man kann sich darin wiederfinden oder sich konfrontiert fühlen.

Zielgruppe

Basisgruppen der Gemeinde; Pfarrgemeinderat oder Aktionsgruppen.

Möglichkeiten

Die Bilder können per Folienausdruck und Overhead-Projektor (siehe CD-ROM) projiziert werden. Ansonsten könnte der Text auch zum Kreuzweg in der eigenen Pfarrkirche gelesen werden.

Ablauf

Ratsam ist es, die überraschend andere Art der Gedanken vorher zu erklären, damit es nicht zu Irritationen in einer Traditionsgemeinde kommt. Die Andacht wird eingeleitet mit dem in der Gemeinde üblichen Eröffnungsritual, bevor wir uns der ersten Station zuwenden. Dabei wird der Kreuzweg weitgehend nach der traditionellen Liturgie gestaltet. Als Liedbegleitung bietet sich das Lied »Du schweigst, Herr, da der Richter feige« (GL 790) an, dessen einzelne Strophen stationsweise gesungen werden. Jede Station wird mit einem biblischen Bezug eingeleitet und das Motiv erläutert. Dann kommen – kreuz und quer durch die Zeit – Sichtweisen verschiedener Personen zur Sprache. Sie können von den Bankreihen aus von verschiedenen Gemeindemitgliedern eingebracht werden. Ein Gedankenaustausch der Teilnehmer in der Bank oder ein Gesprächskreis sind denkbar. Ein Gebet und Lied beschließen dann jeweils die Station. Nach der letzten Station wird eine Besinnung angeboten.
Darüber hinaus gibt dieses Konzept Anregungen für einen anschließenden Gesprächs-

abend im gewohnten Gebets- oder Bibelkreis oder einer anderen Basisgruppe der Gemeinde.

Eine Weiterführung in Bibliolog oder Bibliodrama mit einem entsprechend ausgebildeten Fachmann liegt nahe, wenn die Gemeinde dafür offen ist.

Für gestaltungsfreudige Gruppen bietet die Ideenkiste weitere konkrete Angebote.

Eröffnung

Begrüßung, Erläuterung und freies Gebet

Lied: GL 790; 1. Strophe

Die Strophen 2–14 werden zur jeweiligen Station gesungen.

1. Station: Jesus wird zum Tod verurteilt

© Hans-Theo Richter

Niemand darf sich ungestraft Sohn Gottes nennen! Das war unumstößlicher jüdischer Glaubensgrundsatz. Jesus wird Opfer der jüdischen Gesetzgebung. Auf Gotteslästerung stand die Todesstrafe. Doch wenn Jesus von Gott, seinem Vater, sprach, beging er dann wirklich eine Freveltat? Ich bin nicht gekommen, das Wort Gottes im Mund herumzudrehen, sondern es zu bewahrheiten in Wort und Tat! Und Gott will Gerechtigkeit – keine Opfer!

Blickwinkel der Frau des Pilatus

Ich habe die ganze Nacht unruhig geschlafen wegen des Prozesses gegen diesen Jesus von Nazaret. Eigentlich hat mein Mann gar nichts damit zu schaffen. Das ist Sache der jüdischen Gerichtsbarkeit. Warum soll ausgerechnet er jetzt über Leben und Tod dieses Propheten entscheiden? Nur weil die Hohenpriester sich die Hände nicht schmutzig machen wollen? Wer ist denn dieser Jesus überhaupt? Ein umherlaufender Wanderprediger. Sohn Gottes will er sein. Na und, das haben schon viele von sich behauptet. Wen stört das denn? Lass ihn laufen, habe ich Pilatus geraten, du machst uns nur unbeliebt bei seinen Anhängern. Das gibt sonst wieder böses Blut und Hass auf uns Römer. Aber sie ließen nicht ab, seinen Tod zu fordern. Und mein Mann ist jetzt dafür verantwortlich! Warum hat er dem Pöbel nachgegeben? Die Geißelung war schlimm genug. Der Mann hat doch nicht wirklich etwas verbrochen, wofür man den Tod verdient. Statt Verantwortung zu übernehmen, hat mein Mann nachgegeben und seine Hände in Unschuld gewaschen: »Macht, was ihr wollt, aber auf eure Verantwortung. Ich finde keine Schuld an Jesus.« Typisch Pilatus. Und warum hat er nicht Gnade vor Recht walten lassen? Wir sind doch die Herren in Jerusalem, nicht dieser fanatisierte Pöbel.

Gebet

Guter Gott! Unliebsame Entscheidungen kennen wir. Man drückt sich gerne um die Verantwortung, statt für Gerechtigkeit einzutreten, wenn das unangenehme Folgen haben kann. Was Recht ist, muss Recht bleiben – so sagt ein Sprichwort. Selig, die hungern und dürsten nach der Gerechtigkeit, sie werden satt werden, so sagt es Jesus. Das verpflichtet – auch uns! Gott, hilf uns, gerechte Entscheidungen zu fällen.

2. Station: Jesus nimmt das schwere Kreuz auf seine Schultern

Sie machten kurzen Prozess mit Jesus. Der große Festtag, das jüdische Paschafest stand bevor. Bis dahin musste alles erledigt sein. So lud das vierköpfige Hinrichtungskommando Jesus den Kreuzesbalken auf die Schultern und machte sich zügig auf den Weg zum Galgenberg – nach Golgota.

© Hans-Theo Richter

Blickwinkel eines Zeitgenossen damals

Musste das so kommen mit Jesus? Er hätte Jerusalem meiden sollen – die Stadt, in der die hohen Herren des Tempels das Sagen haben. Zum Paschafest war die Stadt voller Pilger und die Besetzung der römischen Garnison verstärkt worden. Man fürchtete Unruhen. Das musste er doch wissen. Bei seinem Einzug in Jerusalem war er mit Jubel begrüßt worden und hatte die Aufmerksamkeit geweckt – gerade auch bei seinen Gegnern. Was blieb ihm jetzt noch anderes übrig, als er erfuhr, dass Judas ihn verraten hatte? Gut, Pilatus wollte ihn laufen lassen, aber die Priesterschaft und der Mob nicht. Und hätte Jesus vor Gericht nicht leugnen können? Oder hätte er es erst gar nicht zur Anklage kommen lassen sollen? Hätte er fliehen können? Allem abschwören, was ihm hoch und heilig war? Sich verkriechen aus Angst? Wie glaubwürdig wäre er dann? Und er selbst, wie stünde er da vor sich, vor seinem Gott? Nein, es musste wohl so kommen. Sein Tod passt zu seinem Leben.

Gebet

Guter Gott! Die Lage hat sich zugespitzt. Jesus bleibt sich und dem Wort Gottes treu und wehrt sich nicht. Er weiß, was ihn erwartet, doch er nimmt das Urteil an und geht den letzten schweren Weg im Vertrauen auf Gott. »Nicht mein, sondern dein Wille geschehe!«, so sagte er. Er sagte auch: »Wer das Kreuz nicht auf sich nimmt und mir nachfolgt, ist meiner nicht wert.« Das sind harte Worte, die herausfordern und nachdenklich machen. Was bedeutet das für uns – für mich heute?

3. Station: Jesus fällt zum ersten Mal unter dem Kreuz

Die Last wird Jesus zu schwer, er fällt unter dem Kreuz.

© Hans-Theo Richter

Blickwinkel eines Zeitgenossen bei der Kreuzwegandacht

Wie oft habe ich das Bild schon gesehen, wie oft dazu meditiert und gebetet? Und jedes Mal frage ich mich, wie Gott das zulassen konnte, dass sein geliebter Sohn, an dem er doch offenbar sein Wohlgefallen hatte, so leiden musste? Das stellt die Vorstellung von einem barmherzigen Gott für mich in Frage. Kein Vater der Welt würde seinem Sohn so etwas abverlangen. Und wozu eigentlich? Jesus hätte doch gar nicht den Gegnern ins Messer laufen müssen. Er hatte doch ganz andere Wege gefunden, Menschen von Gottes Güte und Gerechtigkeit zu überzeugen. Sie glaubten ihm doch und staunten über seine Heilungen. Sie hatten große Erwartungen und Hoffnungen auf ihn gesetzt. Er ging offen auf die Menschen zu und sie folgten ihm begeistert. Warum musste er jetzt auf den Knien liegen, den Tod vor Augen? Musste das nicht auch die Anhänger damals abschrecken und maßlos enttäuschen? Wie jämmerlich liegt er auf dem Bild am Boden! Es waren die Mächtigen der damaligen Zeit, die Jesus auf dem Gewissen haben. Sie wollten sich durch seine Güte nicht in Frage stellen lassen und töteten ihn.

Gebet

Guter Gott! Es ist schwer zu verstehen für uns, warum du die Welt durch den Kreuzestod Jesu erlöst hast. Warum musste Jesus leiden? Warum müssen überhaupt Menschen leiden? Du bist allmächtig und hättest andere Möglichkeiten gehabt, uns zu retten.

Wahrscheinlich verstehen wir deine Liebe zu uns Menschen oft falsch. Deine Liebe bedeutet volle Freiheit und Verantwortung für den Menschen. – Menschen haben Jesus, deinen Sohn umgebracht, weil sie seine Liebe und Wahrheit nicht ertragen konnten.

Du bist kein Gott, der fern im Himmel thront, unberührt vom Schicksal der Menschen. Sondern du bist Mensch geworden und hast selbst alles angenommen, was zum Menschsein gehört – auch Leid und Tod. Gott, lass uns deine Liebe und Treue zu uns Menschen besser verstehen.

4. Station: Jesus begegnet seiner Mutter

Was mag zwischen Jesus und seiner Mutter vorgegangen sein? Maria war in entscheidenden Stunden immer bei ihrem Sohn. Auch auf dem Leidensweg ist sie ihm nahe. Wie ist das auszuhalten, den eigenen Sohn so zu sehen? Es ist das letzte Mal, dass sie ihn lebend sieht. Was für ein schmerzvoller Abschied.

© Hans-Theo Richter

Teil D: Gemeinde

Blickwinkel einer Frau, die neben Maria steht

Was macht denn Maria hier? Will sie sich das tatsächlich antun? Sie wäre besser zu Hause geblieben. Ich könnte das nicht aushalten, wenn mein eigener Sohn zum Tode verurteilt wäre. Das sollte sie sich doch ersparen, nach allem, was passiert ist. Sie macht ihm den Weg doch nur noch schwerer. Sicher, sie hat immer an ihren Jesus geglaubt: »Großes hat der Herr mit ihm vor!« So hat sie immer von ihm geschwärmt und sich vorgestellt, ihr Kind sei der Sohn des Allerhöchsten. Ein schöner Traum, der jetzt zum Alptraum geworden ist, ja ihn das Leben kostet. Das haben schon ganz andere versucht, sich als Messias auszugeben, um berühmt zu werden. Ihnen allen ist es ähnlich ergangen. Die Großen dieser Welt können keine Propheten ertragen, die Liebe und Barmherzigkeit predigen. Jesus bricht ja fast zusammen! Arme, arme Maria! Wie willst du ihn jetzt noch mit Worten trösten, wo er deine trostlosen Augen sieht? Ich kann das nicht mit ansehen. Was für ein grausiger Abschied.

Gebet

Guter Gott! Wenn Liebe zählt, dann ist es sicher am ehesten die Mutterliebe, die Menschen auch in schwersten Augenblicken aufrichten kann. »Selbst wenn Vater und Mutter dich verlassen, ich verlasse dich nicht«, in diesem jüdischen Gottesglauben ist Jesus zu Hause bei Maria groß geworden, in diesem unerschütterlichen Gottesglauben lass auch uns zu Hause sein.

5. Station: Simon von Zyrene hilft Jesus das Kreuz tragen

Wo waren Jesu Freunde? Bisher haben wir nur von seiner Mutter gehört. Alle anderen hatten sich rar gemacht, sicher nicht nur aus Enttäuschung über Jesus, sondern auch aus purer Angst, ins Kreuzfeuer zu geraten: Mit gefangen, mit gehangen – sagt man. Petrus verleugnete Jesus dreimal, andere ließen alles fallen und flohen.

© Hans-Theo Richter

Blickwinkel eines Jüngers Jesu

Wie konnte es nur so weit kommen? Jesus hat doch immer nur das Beste für alle gewollt. Er verkörperte für uns ganz und gar Gottes Wort. Sein Wort hatte Hand und Fuß. Blinde machte er sehend, Lahme konnten wieder gehen. Allen wurde die Frohe Botschaft verkündet. Er machte wahr, was andere kaum zu glauben wagten. Umjubelt haben sie uns, ihn begrüßt wie einen König, wie den Messias. Aber war er das denn nicht? Wie oft hatte Jesus sich als heilsmächtig erwiesen. Er selbst hatte keinen Zweifel daran gehabt: Das ist mehr als ein Prophet, so muss der Messias sein! Alles hatte er stehen und liegen lassen, um mit ihm durchs Land zu ziehen, Menschen zu helfen und zu heilen, wo es nur ging. Und vor allem: Sein Bild von Gott stellte alles in den Schatten, was man ihm früher von Gott erzählt hatte. Aber nicht alle wollten das wahrhaben.

Und jetzt schleppt er sich zur Hinrichtung, erschöpft und zerbrochen! Haben wir uns alle in ihm getäuscht? Warum sonst endet sein Weg jetzt so jämmerlich – wer kann ihm da noch helfen? Auch Simon von Zyrene kann ihm nur eine kleine Hilfe geben. Was soll das nur alles bedeuten?

Gebet

Guter Gott! Freunde in der Not, gehen hundert auf ein Lot, weiß ein Sprichwort zu sagen. Wie oft müsste der Hahn für uns krähen, damit wir aufwachen, aufstehen, um dem Reich Gottes eine Chance zu geben? Wann beginnen wir endlich, Jesu Visionen von einer menschlicheren Welt, einem neuen Himmel und einer neuen Erde eine Gestalt zu geben? Oder lassen wir uns nur unter Zwang dazu herab, ihm tragen zu helfen, wie Simon von Zyrene? Das, was Jesus von uns erwartet, wäre für uns durchaus zu leisten! Hilf uns, Gottes Willen zu tun!

6. Station: Veronika reicht Jesus das Schweißtuch

Gott sei Dank, es sind nicht alle so! Veronika hatte ein Herz für Jesus. Sie reichte ihm ihr Tuch, damit er sich Tränen, Schweiß und Blut abwischen konnte. Mehr konnte sie nicht für ihn tun. Beschenkt fühlte sie sich von dem Augenblick der Begegnung. Den Eindruck, den sein Anblick bei ihr hinterließ, konnte sie im Leben nicht mehr vergessen. Das Bild, das sie mitnahm, prägte sich tief in ihr Herz und ihre Seele ein.

© Hans-Theo Richter

Blickwinkel der Veronika

Nein, darf das denn wahr sein? Warum quälen die Römer Menschen derart? Schlimm genug, dass sie Menschen hinrichten wollen! Aber warum noch diese Zurschaustellung? Diese Erniedrigung? Diese Folter? Ich kann das kaum mit ansehen, diese leidenden Kreaturen. Soll ich? – Ja, ich will – ich muss diesem da vorne mein Tuch geben! Das Blut fließt ihm ja schon in die Augen! – Mensch, was für Augen! Solche Augen haben mich noch nie angeschaut! Welch ein Anblick. Soviel Dankbarkeit, soviel Güte ...

Ist das nicht ... den kenne ich doch ... das ist doch dieser Jesus von Nazaret, den wir vor ein paar Tagen so herzlich begrüßt und am Stadttor empfangen haben! Was soll der denn verbrochen haben? Warum wollen sie den ans Kreuz schlagen? Jesus, mein Gott!

Geh nicht vorbei! Diesen Augenblick, den werde ich im Leben nie mehr vergessen! Dieses Bild werde ich immer vor Augen haben! Dieses Tuch wird mich zeitlebens an diesen einzigartigen Menschen erinnern: Jesus, mein Gott!

Gebet

Guter Gott! Wie schnell kann man sich ein Bild von einem Menschen machen? Manche Augenblicke prägen sich so tief ins Herz und in die Seele ein. So viele Bilder stellen Jesus dar. Welches ist gültig? Welches Bild haben wir von ihm, von Jesus? Welches Bild haben wir von dir, Gott? Lass uns dich immer besser verstehen!

7. Station: Jesus fällt zum zweiten Mal unter dem Kreuz

Jesus ist zum zweiten Mal unter der Last des Kreuzes zusammengebrochen. Er kann nicht mehr. Dennoch, es muss, es wird weitergehen. Es ist noch nicht das Ende des Leidensweges erreicht. Doch wie soll er weiterlaufen? Was kann ihm Mut und Kraft geben, wieder aufzustehen?

© Hans-Theo Richter

Blickwinkel des Hauptmanns

Wenn ich den da unter dem Kreuz liegen sehe, dann werde ich immer nervöser. Die Zeit ist knapp, wir müssen die drei noch vor dem Paschafest der Juden aufhängen. Der Job hier als Hauptmann eines Exekutionstrupps ist das Schlimmste, was mir passieren konnte. Wie viele arme Menschen habe ich schon töten müssen. Zur Strafe und zur Abschreckung. Es ist unerträglich, jemanden am Kreuz langsam ersticken zu sehen. Die einen haben sich bis zum letzten Atemzug gegen ihr Schicksal aufgelehnt, andere ergaben sich reumütig. Aber so einen wie diesen Jesus, so einen hatte ich noch nie darunter. Den haben sie ja schon vorher fertiggemacht. Er soll Gott gelästert und behauptet haben, Gottes Sohn zu sein! Ob man dafür jemanden ans Kreuz schlagen muss? Und jetzt bricht er mir schon vorher zusammen. Der stirbt uns noch unterwegs, der Gottessohn! Einen besseren Gegenbeweis kann der uns ja gar nicht liefern: Wenn ich Gott wäre und das mein Sohn, dann würde ich den doch nicht so verrecken lassen!

Los, weiter geht's! Aber ich kann ihm nicht in die Augen sehen. Es geht etwas Besonderes von ihm aus ...

Gebet

Guter Gott! Welch erbarmungswürdiges Bild gibt Jesus für die Zuschauer ab. Die einen weiden sich in Schadenfreude, andere befriedigen ihre Schaulust oder kosten den Hass aus, den sie auf ihn haben. Nur wenige haben Mitleid mit dem Todgeweihten, wollen ihn nicht leiden sehen, auch wenn ihm nicht zu helfen ist. Die Soldaten erledigen ihren todbringenden Job. Gott, lass uns nicht gleichgültig sein, wenn die Menschenwürde mit Füßen getreten wird und Menschen grausam hingerichtet werden. So wie Jesus erging und ergeht es Abertausend Menschen auch in unserer Zeit. Lass uns wach bleiben und das uns Mögliche dagegen tun. Du bist ein Gott des Lebens. Hilf uns, für das Leben einzutreten.

8. Station: Jesus begegnet den weinenden Frauen

Am Wegesrand standen Klageweiber, wie sie im Orient zu jeder Beerdigung und Totentrauer dazugehören. Wie echt ihre Klage ist, weiß man nicht. Jesus sagt zu ihnen: »Weint nicht um mich, weint lieber um euch und eure Kinder!« Mir könnt ihr nicht mehr helfen. Sorgt euch um eure Zukunft und die eurer Kinder.

Blickwinkel eines Atheisten heute

© Hans-Theo Richter

Wie kann man heute noch diese uralte Geschichte weitererzählen? Wem soll sie denn helfen? Wozu soll sie dienen? Was hat sich denn durch den Tod Jesu verbessert? Wie viel Unheil ist in seinem Namen verübt worden: Glaubenskriege, Hexenjagd, Kolonialismus! Wie viele Menschen verloren ihr Leben in Gottes Namen? Selbst im ersten Weltkrieg stand auf den Koppelschlössern der Soldaten: Gott mit uns! Und auf jedem Dollarschein kann man lesen: »In God we trust – Wir vertrauen auf Gott!« Ausbeutung und Neokapitalismus inbegriffen. Hat Jesus befürchtet oder gar vorausgesehen, dass die Menschen sich nicht ändern? Jedenfalls verhindern konnte er das nicht. Wenn das keine Belege dafür sind, dass seine Gottesmission am Kreuz gescheitert ist! Weinen müssen Mütter heute mehr denn je in allen Erdteilen um ihre Kinder – was soll sich denn geändert haben? Mit einem Gott offenbar genauso wenig wie ohne ihn!

Gebet

Guter Gott! Sind wir falsche Idealisten, wenn wir uns an Jesus erinnern und uns an seine Worte halten? Weinen wir um den falschen Messias, sind unsere Tränen vergeblich? Hörst du die Klagerufe der weinenden Mütter, Väter und Kinder gar nicht? Manchmal ist es zum Verzweifeln.

Man möchte nur noch weinen und klagen, wenn man Nachrichten hört oder die Bilder im Fernsehen verfolgt. Wo bist du? Warum fühlen sich viele Menschen alleingelassen und wollen, ja können nicht glauben, dass da ein Gott für sie da ist? Herr, erweise deine Macht und stärke unseren Glauben.

9. Station: Jesus fällt zum dritten Mal unter dem Kreuz

Drei ist eine besondere Zahl: Der dreifache Sturz bedeutet vollkommene Erschöpfung. Nichts geht mehr. Und dennoch: Irgendwas hilft ihm noch einmal auf. Er will, muss den Weg bis zum Ende gehen – bis zum Ostermorgen am dritten Tag.

© Hans-Theo Richter

Blickwinkel eines Dramaturgen

Also Leute, wenn wir die Passion *so* inszenieren, reißt das niemanden vom Hocker! Dieser leidende Jesus, der muss beim Zuschauer als zerschlagene Existenz ankommen – am Boden zerstört. Also, nicht nur einmal kurz zusammenbrechen – einmal, zweimal und dann noch einmal endgültig zerbrochen. Und macht das am besten so im Zeitlupentempo, theatralisch mit großen Gesten, dass es jeden im Publikum mit runterreißt. Und nicht gleich wieder den Kopf hochheben. Der liegt da erst einmal so lange, dass man es kaum aushalten kann: Lebt der Kerl überhaupt noch? Und die Umstehenden sind nicht bloß Statisten: Die fiebern mit, die leiden mit, die gehen mit in die Knie! Der eine, du ja, du brauchst noch mehr Schadenfreude im Gesicht, nicht nur so, als wenn der Gegner ein Tor kassiert hat! Wie kriegst du das in deutliche Körpersprache umgesetzt? Und ihr Klageweiber seid ja auch noch auf der Bühne, steht nicht wie die Ölgötzen da, sondern ich will euch jaulen hören wie die Schlosshunde, denen das Herrchen gestorben ist ...

Gebet

Guter Gott! In Passionsspielen oder Spielfilmen hat man immer wieder versucht, das Leiden Jesu mitreißend zu inszenieren und anschaulich vor Augen zu führen. Aber darf man daraus einen Kinokassenschlager oder ein kulturelles Highlight machen? Der Fall Jesu ist kein Tatort-Krimi. Seine Bühne steht nicht im Rampenlicht, sondern bei den Menschen im Schatten. Jesus steht auf der Seite der Menschen, die ganz unten stehen, tief gefallen oder heruntergekommen sind. Jesus, lass uns von vorn anfangen, deine Worte und Taten zu verstehen.

10. Station: Jesus wird seiner Kleider beraubt

Jesus wird bloßgestellt. Den Soldaten des Exekutionskommandos wurde die Kleidung des Delinquenten als Lohn versprochen. Sie losen um das Untergewand, weil man es nicht zerschneiden will. Jesus muss offensichtlich alles preisgeben, alles wird ihm genommen. Das einzige, was ihm bleibt, das ist sein Gottesglaube.

© Hans-Theo Richter

Blickwinkel eines gaffenden Zuschauers

Ich will sehen, wie man sie fertigmacht, diese Mörder und Gotteslästerer. Es gibt Genugtuung, wenn man sieht, wie sie für ihre Schuld büßen müssen. Vor allem, wenn der Mörder da gehängt wird, der hat meinen Freund letzte Woche erstochen und beraubt. Ich will ihn am Kreuz hängen sehen. Der wird nie wieder jemandem zum Verhängnis! Dieser Jesus da, dem sie gerade die Kleider vom Leib reißen, hat es auch nicht anders verdient. Wie kann der sich als Messias aufspielen? Gottes Sohn! Jetzt steht er da ohne Hemd. Da sieh doch, eben nur ein Mensch wie jeder andere! Wie lächerlich der dasteht! Den Sohn Gottes, den hätte ich mir anders vorgestellt. Mal sehen, ob dein Gott kommt und dich da runterholt. Ich glaub's ja nicht! Wir werden sehen. Wenn das gut geht, dann will ich das glauben. Aber jetzt wirst du gleich dran glauben müssen.

Gebet

Guter Gott! Sie wollten Jesus beweisen, dass er ein Nichts, ein Niemand, ein nackter, zerschundener Körper ist. Zeigen wollten sie allen, wer das Sagen, wer die Macht im Lande hat. Heute beten wir: »Denn dein ist das Reich, und die Kraft und die Herrlichkeit in Ewigkeit«. Es lohnt sich, das Leben in diesen anderen Dimensionen zu begreifen. So kann ich verstehen lernen, es gibt einen Sinngrund über alle Vernunft hinaus. So gewinnt mein Leben neuen Spielraum. Ich glaube: Du bist da für mich, was auch kommen mag. Das gibt mir meine Würde und letzten Halt.

11. Station: Jesus wird ans Kreuz geschlagen

Es ist besiegelt. Es gibt keinen Ausweg mehr. Sie legen ihn auf das Kreuz und nageln ihn fest. Dann richten sie das Kreuz auf, der Sterbende wird allen zur Schau gestellt. Bis zum letzten Atemzug ist er den Blicken der Schaulustigen ausgeliefert.

© Hans-Theo Richter

Blickwinkel des mit Jesus gekreuzigten Mannes

Mein Gott, ich habe den Tod ja verdient. Aber dieser Jesus da, was hat der denn verbrochen? So einen guten, lieben Menschen habe ich in meinem ganzen Leben nicht getroffen. Vielleicht wäre ich gar nicht hier gelandet, wenn einer da gewesen wäre, der mir Mut gemacht hätte, an mich zu glauben, und mich geliebt hätte. Aber da war niemand. Meine Mutter ist auch heute, in meiner schwersten Stunde, nicht gekommen. Sie hat mich nie wirklich gerngehabt, ich war immer nur eine Last für sie. Meinen Vater habe ich nie gekannt – er war aber bestimmt nicht Gott, wie dieser Jesus es von seinem Vater glaubt. Jesus, ich will dir Glauben schenken! Denk an mich, wenn du zu deinem Vater kommst! Ich möchte auch sein Kind sein – dann hat mein Sterben doch noch einen Sinn!

Gebet

Guter Gott! Wie der Schächer halte ich fest an dem Glauben, für den nach Jesu Tod so viele seiner engsten Freunde ihr Leben eingesetzt haben. Lass mich erfahren, dass der Glaube an dich eine große Bereicherung, ja letzte Sinngebung für mein Leben ist! Lass mich diesen Glauben in meinem Leben bezeugen und dereinst mein Leben vertrauensvoll in deine Hände zurückgeben.

12. Station: Jesus stirbt am Kreuz

Es ist vollbracht. Mit dem jüdischen Sterbegebet auf den Lippen endet sein Leben qualvoll am Kreuz. Der Vorhang des Tempels zerreißt und der einst ungläubige Hauptmann spricht unter dem Kreuz das Bekenntnis »Dieser Mensch ist wahrhaft Gottes Sohn!«

Blickwinkel einer älteren Frau vor dem Kreuz in der Kirche

© Hans-Theo Richter

Wie oft habe ich vor diesem Kreuz gesessen?
Hier wurde ich getauft, ging zur Erstkommunion und zur Firmung. Wir wurden unter diesem Kreuz getraut und haben die großen kirchlichen Feste im Anblick des Kreuzes gefeiert. Meinen Mann haben wir von diesem Kreuz aus zu Grabe getragen. Was ist es, das mich immer wieder an diesen Ort führt? Unsere Kinder wurden auch mit diesem Kreuz vertraut gemacht, doch ihr Bezug dazu verlor sich bald nach der Firmung. Sie zog es hinaus aus unserm kleinen Dorf. Ich freue mich, wenn sie Weihnachten oder Ostern wieder hier sind und mit mir unter diesem Kreuz Gottesdienst feiern – wenn auch nur mir zuliebe. Wie tief betroffen machten mich die letzten, schweren Atemzüge meines Mannes, als ich an seinem Sterbebett saß und er hielt das kleine Kreuz seiner Mutter in der Hand. Es gab ihm letzten Halt und das Gefühl, dass die Liebe Gottes ihn auch im Tod umfängt. Wenn doch auch meine Kinder etwas von der Kraft dieses Glaubens erfahren könnten.

Gebet

Guter Gott! Du bist die Liebe. Zu wissen, Gott hat Jesus auch im Tod nicht verlassen, das beseelt und beflügelt, gerade in den schwersten Stunden des Lebens. Wenn das Weizenkorn nicht in die Erde fällt und stirbt, bleibt es allein. Wenn es aber stirbt, bringt es reiche Frucht! Lass unseren Glauben Frucht bringen.

13. Station: Der Leichnam Jesus wird vom Kreuz abgenommen

Wegen des bevorstehenden Paschafestes erhält Josef von Arimathäa die Erlaubnis, den Leichnam Jesu vom Kreuz abzunehmen und in seinem Felsengrab in der Nähe zu bestatten. Sie legen den leblosen Körper noch einmal Maria in den Schoß. Dieses Bild, die Pieta, wird zum Sinnbild für alles Leid der Welt. Maria, seine Mutter muss auch das noch ertragen.

© Hans-Theo Richter

Blickwinkel von Maria Magdalena

Was soll nun werden? Maria hält ihren Sohn im Arm wie früher als Baby, als wolle sie ihn nie mehr hergeben. Wie sie ihn anschaut – mit starrem Blick! Wie kann ich sie nur trösten? Soll plötzlich alles vorbei sein? All das, was ich mit Jesus erlebt und erfahren habe? Was hatte ich mir nicht alles vorgestellt, mit ihm aufzubauen. Für mich war mit Jesus Gottes Reich angebrochen. Mein ganzes Vermögen hätte ich investiert, seiner Botschaft Gehör zu verschaffen: Gott ist ein Gott der Liebe, wie ein guter Vater und eine gute Mutter. Er ist barmherzig. Wir alle sind seine Kinder, brüderlich und schwesterlich verbunden in seinem Geist. War ich verliebt in Jesus? Ja, aber es war die Antwort auf die Liebe, die von ihm ausging, die mich faszinierte und allen zu Herzen ging: Gottes Liebe!

Gebet

Guter Gott! Maßlos entgeisterte Menschen haben wir vor Augen, trostlose Augen, herzzerreißende Augenblicke. Welchen Grund gibt es noch zur Hoffnung? Die Euphorie war in Depression über Nacht umgeschlagen. Weck uns auf, reiß uns aus tiefen Ängsten. Du bist doch der Gott des Lebens, nicht des Todes!

14. Station: Der Leichnam Jesu wird ins Grab gelegt

Die drei Frauen fanden das Grab am Ostermorgen leer. War Jesus auferstanden? Kaum zu glauben. Hatte jemand den Leichnam gestohlen? Das Grab war leer und Jesus ist nach seinem Tod seinen Freunden erschienen. Das bezeugen viele mit dem eigenen Leben. Auf diesem Glauben der Apostel gründet unser Glaube.

© Hans-Theo Richter

Blickwinkel einer Theologiestudentin

Ja, ich erinnere mich. Einmal bin ich neugierig als kleines Kind mit dem Tretroller zur Kirche gefahren. Ich sah mir den Kreuzweg Jesu an. Ich weiß noch genau, mit welchem Glücksgefühl ich anschließend nach Hause fuhr. Ich habe bis heute niemandem davon erzählt. Dagegen ist das Theologiestudium eher ernüchternd. Die Suche nach dem historischen Jesus, nach dem, was wissenschaftlich gesagt werden kann, gibt meinem Glauben wenig Nahrung. Damals verstand ich: Jesus hat den Tod überwunden. Er ist auferstanden. Er lebt. Dieser Glaube trägt mich bis heute. Die 2000 Jahre alte Geschichte des Christentums zeigt, dass mit Jesus ein neues Denken, ein neues Gottesbild und ein neuer Geist in die Welt kam. Die Saat ging überall dort auf, wo Menschen ganz und gar im Geist Jesu gelebt und gewirkt haben. Immer, wenn Menschen in oder außerhalb der Kirche von seinem Weg abwichen, die Menschenwürde mit Füßen traten und Gott für eigene Interessen vereinnahmten, scheiterten sie am Ende.

Gebet

Guter Gott! Nicht die historische Wahrheit ist es, nicht das leere Grab, vielmehr der Osterglaube: Da ist ein unüberbietbar guter Gott – ein Gott des Lebens, der den Tod überwand. Du, großer Gott, bist anders, als wir denken und ermessen können. Nicht auf ein Menschenleben beschränkt, sondern über das Grab hinausweisend. Du bist da, wo Liebe ist!

Besinnung

Hier bieten sich mehrere Alternativen an:

- *Die Sätze werden einzeln ausgedruckt und ausgelegt, so dass sich jeder einen auswählen und später still ablegen oder auch vortragen kann.*
- *Die Sätze werden nach dem Zufallsprinzip ausgegeben und nacheinander vorgelesen, danach an ein Kreuz geheftet.*
- *Wir finden weitere, eigene Beispiele nach diesem Muster und schreiben sie auf: Ich möchte auferstehen aus …*

Ostermorgen

Ich möchte auferstehen aus Ängsten, damit ich mutiger leben kann.
Ich möchte auferstehen aus Schuldgefühlen, damit ich wieder aufatmen kann.
Ich möchte auferstehen aus meinen Grenzen, damit ich mich frei fühle.
Ich möchte auferstehen aus Sattheit, damit ich meine Seele spüre.
Ich möchte auferstehen aus Blindheit, damit ich Augen für andere habe.
Ich möchte auferstehen aus Taubheit, damit ich dir mein Ohr leihen kann.
Ich möchte auferstehen aus der Hektik, damit ich zur Ruhe komme.
Ich möchte auferstehen aus meiner Enge, damit ich offen werde für andere.
Ich möchte auferstehen aus Sprachlosigkeit, damit ich ein gutes Wort finde.
Ich möchte auferstehen aus Überforderung, um wieder Kraft zu tanken.
Ich möchte auferstehen aus Müdigkeit, damit ich wach durch den Tag gehe.
Ich möchte auferstehen aus Ichverlorenheit, damit ich wertschätzender werde.
Ich möchte auferstehen aus Lieblosigkeit, damit ich liebenswerter werde.
Ich möchte auferstehen aus Verklemmtheit, damit ich wieder aufatmen kann.
Ich möchte auferstehen aus dem Alltagstrott, damit ich neue Wege finde.
Ich möchte auferstehen aus der Depression, damit ich wieder froher bin.
Ich möchte auferstehen aus allen Zwängen, damit ich selbstbestimmt lebe.

Ich möchte auferstehen aus meiner Einsamkeit, damit ich Gemeinschaft erlebe.
Ich möchte auferstehen aus der Gleichgültigkeit, um mich zu engagieren.
Ich möchte auferstehen aus der Glaubensnacht, damit ich wieder Licht sehe.

Segen

Lied: Die Waffen verrotten zu Staub (TG 1085)

2. Ideenkiste

Plakatkarton-Riss

Schwarzer Plakatkarton aus dem Künstler- oder Bastelbedarf lässt sich mit einem Cutter-Messer, einer Schneidefeder oder spitzen Werkzeugen so bearbeiten, dass die schwarze Deckschicht vorsichtig an gewünschten Stellen eingeritzt, aufgerissen, abgezogen oder auch weggerubbelt werden kann.

So entstehen dabei Bildeindrücke, die denen des Kreuzweges etwas ähneln. Hier sind alle Motive denkbar: Nachbildung, Ausschnittvergrößerung oder auch eigene Bildvorstellungen zu einem ausgewählten Kreuzwegmotiv. Vielleicht gibt es einen passenden Psalmvers dazu?

Scherenschnitte

Dem schwarz-weißen Stil kommen auch Scherenschnitte entgegen. Sie lassen sich relativ leicht fertigen, nach Bilderbuchvorlagen oder nach eigener Fantasie. Die Figur einer Bildkopie wird ausgeschnitten, umgedreht und auf schwarzes Tonpapier geklebt. Die schwarze Scherenschnittfigur kann man auf eine helle Teppichfliese legen und in Form eines Erzählkinos austauschen und verschieben. Ein Halbrelief lässt sich mit einer Alufolie abnehmen und auf einen schwarzen Tonpapiergrund kleben.

Wirkungsvoll ist es auch, wenn man Zeitungsbilder mit markanten Figuren auf schwarzes Tonpapier klebt und dann entlang den Umrisslinien ausschneidet. Auf der Rückseite entsteht so eine schwarze, spiegelverkehrte Scherenschnittfigur. Grundfiguren lassen sich natürlich auch um weitere Figuren und Kulissen im Hintergrund ergänzen. Mit etwas Geschick und Zufall arbeitend, lassen sich Scherenschnitte auch aus Zeitungspapier reißen oder schneiden, so dass neben der Umrissgestalt eine zweite Deutungsebene durch die Text- und Bildfragmente entsteht. Effektvoll ist auch das Spiel mit Licht und Schatten. Dazu hilft ein Overhead-Projektor. Die Figuren, Handspiele oder Körpersilhouetten wirken als bewegte Bilder auf einer Schattenspieleinwand besonders gut.

Quellen

Bilder

Fotos: © Wolfgang Gies

S. 36, »Bleibt in mir und ich bleibe in euch«, Nr. 102, 1980, Holzschnitt von Sr. M. Sigmunda May OSF
© Kloster Sießen

S. 36, »Im Kreuz ist Heil«, Nr. 140, 1983, Holzschnitt von Sr. M. Sigmunda May OSF
© Kloster Sießen

S. 70, Bilder von Rolf Bunse, Aus: Julia Knop, Rund um den Glauben, 99 Fragen und Antworten
© Verlag Herder GmbH, Freiburg im Breisgau 2007

S. 121–145, Kreuzwegbilder, Acrylgemälde auf Leinwand von Wolfgang Gies
© Wolfgang Gies

S. 149–158, Kreuzwegbilder in St. Lambertus Affeln von Liesel Bellmann
© Rechtsnachfolge

S. 164–180, Kreuzwegskulpturen von Egino G. Weinert
© Rechtsnachfolge

S. 191–199, Kreuzwegbilder auf dem Gelände der Zisterzienser-Abtei in Bochum-Stiepel
© Ernst Rasche, Mühlheim an der Ruhr

S. 202–216, Kreuzwegbilder in der Christkönig-Kirche in Sundern von Hans-Theo Richter
© Rechtsnachfolge

Lieder

S. 21, »Ich bin da«
© Text und Musik: Wolfgang Gies

S. 64, »Wir künden deinen Tod«
© Text und Musik: Wolfgang Gies

S. 132, »Im Meer der Angst«
© Text und Musik: Wolfgang Gies

Texte

S. 59–60, »Rosenkind – ein altes Märchen« von Hanne Dittrich
© Hanne Dittrich

S. 61, »Ich brauche dich« von Willi Hoffsümmer, Aus: Ders., Kindern die Messe erklärt. In Zeichen, Geschichten und Spielen
© Verlag Herder, Freiburg im Breisgau 1999

S. 62–64, »Max, mein Bruder« von Sigrid Zeevaert
© Arena Verlag, Würzburg 1986

S. 67–68, »Ein Brot erzählt aus seinem Leben« von Willi Hoffsümmer, Aus: Ders., Das Mahl Jesu Christi, 15. Stunde
© Kath. Bezirksamt Rhein-Lahn, Lahnstein

Bibeltexte

Die Bibeltexte sind entnommen aus:
Einheitsübersetzung der Heiligen Schrift
© 1980 Katholische Bibelanstalt, Stuttgart.

In wenigen Fällen ist es uns trotz großer Mühen nicht gelungen, alle Inhaber von Urheberrechten und Leistungsschutzrechten zu ermitteln. Da berechtigte Ansprüche selbstverständlich abgegolten werden, ist der Verlag für Hinweise dankbar.